OBSERVATIONS SUR LE CHAPITRE VIII

CONCERNANT

LA RÉPRESSION DES CONTREFAÇONS

ET AUTRES DÉLITS

EN MATIÈRE

DE PROPRIÉTÉ LITTÉRAIRE ET ARTISTIQUE

BREVETS D'INVENTION,

DESSINS, MODÈLES, SECRETS ET MARQUES DE FABRIQUE.

ADRESSÉES

PAR

M. ED. CALMELS,

Avocat à la Cour impériale de Paris. — Docteur en droit, — Chevalier de l'ordre de Saint-Jacques de l'Épée, de l'ordre de Charles III d'Espagne, etc. — Auteur de divers traités sur la propriété et la contrefaçon des œuvres de l'intelligence, sur les marques de fabrique et de commerce, etc.

Membre de la Commission du Code pénal portugais,

A

M. LEVY MARIA JORDAO,

Avocat général à la Cour de cassation, — Membre du Conseil du roi, de l'Académie royale des sciences de Lisbonne, de l'Institut de Coïmbre, etc.

Rapporteur général de la Commission de rédaction du Code pénal portugais.

PARIS

AU BUREAU DES ANNALES DE LA PROPRIÉTÉ INDUSTRIELLE, ARTISTIQUE ET LITTÉRAIRE.

RUE DU CROISSANT, 8.

1862

PROJET DU CODE PÉNAL PORTUGAIS

OBSERVATIONS SUR LE CHAPITRE VIII

PARIS. — TYPOGRAPHIE HENNUYER, RUE DU BOULEVARD, 7.

PROJET DU CODE PÉNAL PORTUGAIS.

OBSERVATIONS SUR LE CHAPITRE VIII

CONCERNANT

LA RÉPRESSION DES CONTREFAÇONS

ET AUTRES DÉLITS

EN MATIÈRE

DE PROPRIÉTÉ LITTÉRAIRE ET ARTISTIQUE

BREVETS D'INVENTION,

MODÈLES, SECRETS ET MARQUES DE FABRIQUE

ADRESSÉES

PAR

M. ED. CALMELS,

Avocat à la Cour impériale de Paris. — Docteur en droit, — Chevalier de l'ordre de Saint-Jacques de l'Épée, de l'ordre de Charles III d'Espagne, etc. — Auteur de divers traités sur la propriété et la contrefaçon des œuvres de l'intelligence, sur les marques de fabrique et de commerce, etc.
Membre de la Commission du Code pénal portugais,

À

M. LEVY MARIA JORDAO,

Avocat général à la Cour de cassation, — Membre du Conseil du roi, de l'Académie royale des sciences de Lisbonne, de l'Institut de Coimbre, etc.
Rapporteur général de la Commission de rédaction du Code pénal portugais.

PARIS

AU BUREAU DES ANNALES DE LA PROPRIÉTÉ INDUSTRIELLE, ARTISTIQUE ET LITTÉRAIRE,

RUE DU CROISSANT, 8.

1862

PROJET DU CODE PÉNAL PORTUGAIS.

OBSERVATIONS SUR LE CHAPITRE VIII

CONCERNANT

LA RÉPRESSION DES CONTREFAÇONS

ET AUTRES DÉLITS

EN MATIÈRE

DE PROPRIÉTÉ LITTÉRAIRE ET ARTISTIQUE,

BREVETS D'INVENTION,

DESSINS, MODÈLES, SECRETS ET MARQUES DE FABRIQUE.

MONSIEUR LE RAPPORTEUR,

Vous avez bien voulu m'associer à la grande entreprise à laquelle vous avez apporté avec un entier dévouement les fruits de vos longues études, et les lumières de votre intelligence.

Vous étiez naturellement désigné pour présenter, au nom de

la Commission, le rapport général des travaux qui doivent doter votre pays d'une nouvelle législation pénale [1].

Personne mieux que vous ne pouvait indiquer les principes destinés à remplacer les dispositions pénales actuelles faites pour un autre siècle et d'autres mœurs, dispositions que, d'ailleurs, le mouvement humanitaire et civilisateur de notre époque avait depuis longues années répudiées et implicitement abrogées.

Les lacunes de votre législation pénale, la gravité et la dispro-portion des peines, demandaient une réforme, et cette œuvre de rénovation législative sera assurément une des plus grandes gloires du règne de votre jeune souverain don Pedro V, si rapide-ment enlevé à l'affection de son peuple. Comprendre les besoins d'une nation et la faire marcher courageusement et sans hési-tation dans la voie des réformes salutaires est pour le chef d'un Etat le plus beau titre à la reconnaissance de ses sujets et au respect et à l'admiration de la postérité.

La création d'un nouveau Code pénal complet est toujours une

[1] Cette Commission est composée de MM. ANTONIO DE AZEVEDO MELLO E CAVALHO, président; JOSE ANTONIO FERREIRA LIMA, LEVY MARIA JORDÃO, rapporteur.

Les membres étrangers ont été d'abord : MM. MITTERMAIER, conseiller privé et professeur de droit à la Faculté de Heidelberg; BONNEVILLE DE MAR-SANGY, conseiller à la Cour impériale de Paris; ORTOLAN, professeur à la Faculté de droit de Paris; MOLINIER, professeur à la Faculté de droit de Toulouse. Plus tard, cette Commission comprit de nouveaux membres nom-més à deux époques différentes. Ce furent MM. Edouard CALMELS, avocat à la Cour impériale de Paris, docteur en droit; HAUSS, professeur à l'Université de Gand. La dernière nomination a compris des nationaux et des étrangers; ce sont MM. CONSELHEIRO JOSÉ, EDUARDO DE MAGALHAES COUTINHO, direc-teur général de l'instruction publique; ABEL MARIA DIAS JORDÃO, docteur en médecine de la Faculté de Paris, membre de plusieurs sociétés savantes; CAETANO MARIA FERREIRA DA SILVA BEIRAO, médecin honoraire du roi, membre de l'Académie des sciences; JOSE ANTONIO DE ARANTES PEDROSO, membre de l'Académie et de plusieurs sociétés savantes; LUIZ BOSSELINI, professeur à la Faculté de droit de Modène; CARLOS LEVITA, professeur à l'Université de Giessen, dans le grand-duché de Hesse-Darmstad; HERMANN SCHLETTER, à l'Université de Leipzig (Saxe); JULIUS LEVITA, avocat consul-tant de l'ambassade d'Autriche; LOUIS BONNEVILLE DE MARSANGY, avocat à la Cour impériale de Paris.

La *Revue de législation* a publié en entier le rapport de M. Maria Levy Jordaô, dont la traduction est due à M. Bonneville de Marsangy, conseiller à la Cour impériale de Paris. (Voir les numéros de la *Revue de législation* des mois de juillet et décembre 1860 et février 1861.)

tâche qui a ses périls et ses écueils. Substituer à une vieille législation enracinée dans le sol pour ainsi dire, incorporée avec les mœurs et les habitudes, de nouvelles prescriptions ; transformer les principes, effacer les antiques tables de la loi est une œuvre hardie qu'un esprit élevé, noblement dirigé, peut seul concevoir.

C'est donc avec un juste sentiment d'orgueil que vous avez présenté cette grande pensée de l'initiative royale, et que vous avez montré dans votre rapport les généreuses tendances auxquelles les jurisconsultes qui vous apportaient leur concours devaient obéir.

Ces tendances ont déterminé votre choix, et les criminalistes à la science desquels vous avez fait appel, ont été heureux de concourir à une œuvre qui laissera après elle les traces les plus profondes du respect de la liberté humaine, tout en protégeant les droits de la société, les personnes et les intérêts individuels contre de coupables et criminels attentats.

Le secret de cette conciliation, la mesure que doit garder le législateur, la sagesse qu'il doit apporter pour se prémunir contre ses propres entraînements et contre la faiblesse et les passions humaines, soulèvent des difficultés dont l'esprit ose à peine chercher la solution. Aussi n'est-ce pas trop de toutes les forces de l'âme, de tous les efforts de la science pour se préparer à ces rudes labeurs.

Philosophes, moralistes, jurisconsultes, politiques, économistes, tous peuvent apporter leur tribut, parce que tous découvrent un nouvel horizon dans la sphère de l'activité humaine ; horizon auquel la loi pénale doit atteindre en plantant la barrière qui sépare l'œuvre du bien et l'œuvre du mal.

N'est-ce pas aussi ce lien invisible, insaisissable, mais puissant, par lequel les sciences sont enchaînées les unes aux autres, qui attire et réunit également entre eux tous ceux qui se vouent au culte de la pensée et de l'intelligence humaine ? La plus belle fraternité n'est-elle pas celle des sentiments et des idées ?

Le monde entier appartient à ces nobles ouvriers qui cultivent le domaine intellectuel : domaine sans limites, frontières sans gardiens. La pensée franchit l'espace : elle n'a d'autre nationalité que l'esprit de celui auquel elle apporte un sentiment, une espérance, une consolation, un nouveau sujet d'études ou d'admiration.

La pensée, c'est la maille d'un vaste réseau auquel travaillent, dans tous les coins de l'univers, ceux qui concourent au progrès des peuples, au développement des sciences et des institutions.

C'est là ce que vous avez compris, monsieur le rapporteur, en désignant au choix de votre souverain des hommes qui n'avaient avec vous d'autres relations que celles des idées, d'autre intimité que celle que vous aviez contractée dans la lecture de leurs travaux.

Il faut louer une telle indépendance; elle a su distinguer en France, en Allemagne, en Belgique, ces frères par la pensée et l'étude, et ils auront ainsi, sans autre rapport entre eux, concouru à l'édification de l'œuvre commune qui doit apporter à un pays étranger la première des civilisations, celle que donne une sage législation.

Il est, en effet, digne de remarque, que la divulgation de la pensée a fait pour la civilisation des peuples plus que la force des armées les plus puissantes.

Les armées vivent sur le pays conquis, le dévastent, le traversent et rejoignent à un jour donné le sol de la mère patrie. Que reste-t-il de ces invasions et de ces conquêtes? Un souvenir; la douleur le grave dans le cœur des peuples vaincus, et de cruelles représailles rendent souvent bien amer pour les vainqueurs d'un jour le fruit de la conquête. Mais bientôt le temps l'efface de la mémoire, comme il fait disparaître aux regards les derniers vestiges des luttes qui ont ensanglanté le terrain disputé.

Les idées, les institutions, les libertés même ainsi imposées, plantées par la force du sabre ou de la baïonnette, sous le feu du canon, n'ont jamais jeté de racines.

La pression disparue, l'opprimé retourne avec bonheur aux mœurs de ses ancêtres, aux vieilles lois qui l'avaient jusqu'alors abrité.

Les lois des vainqueurs, fussent-elles meilleures, seront toujours répudiées, car elles sont les lois d'un ennemi.

Que d'exemples autour de nous! Cette antique Rome des Césars, si fière et si ambitieuse, n'a-t-elle pas tenté de soumettre le monde par la puissance de ses armes? Ne retrouve-t-on pas aujourd'hui, jusqu'aux limites les plus éloignées, la trace de ses marches et de ses haltes? Ces vieilles ruines, que les siècles n'ont pu complétement fléchir et qui semblent s'élever encore comme les monuments de son triomphe et de sa gloire, n'ont transmis aux générations qui passent à leurs pieds que le souvenir d'un fol orgueil et d'une ambition que les conquêtes même rendaient plus ardente et plus insatiable.

Prompts à conquérir et à occuper, les Romains voulaient jouir des fruits matériels de leur conquête, et avant tout recueillir obéissance et tributs [1].

Les peuples conquis ne devenaient point des alliés, des amis; ils étaient les victimes marquées par le doigt de fer du conquérant.

Ils n'avaient pas compris autrement leur mission, ces ravisseurs à main armée, absorbant, dans leur unité militaire, despotique, absolue, les barbares qu'ils avaient soumis à leur empire. Ils ne faisaient rien pour civiliser en améliorant leur condition, pour élever leur dignité personnelle en développant le sentiment de leurs droits, pour éclairer leur intelligence et adoucir leur instinct et leur mœurs sauvages en leur apprenant leurs devoirs.

Avec quels soins égoïstes ces dominateurs du sol conservaient leur caractère, leur nationalité, leurs institutions !

Les peuples vaincus n'étaient que des esclaves : on les appelait *dedititii*, et ce n'était que par une rare faveur que les superbes conquérants daignaient conférer dans une loi le droit de cité romaine, ou en détacher une partie seulement [2].

Aussi, quand les barbares se ruèrent sur ces vastes territoires dépendant de l'empire romain, toutes ces villes, tous ces peuples

---

[1] Les fonds provinciaux n'étaient pas susceptibles de propriété privée. Ils appartenaient au peuple romain ou à l'empereur. Les possesseurs étaient soumis à une redevance annuelle qui prenait le nom de *stipendium* ou *tributum*, suivant qu'elle devait être versée dans la caisse du Trésor public ou dans la caisse impériale. (Gaïus, *Inst.*, XI, 7 et 21; Théophile, 40, I, *De rer. div.*)

[2] Il y a lieu de croire que cette mesure (la concession du droit de cité) fut plutôt l'effet d'une question financière que d'une savante combinaison despotique; les trésors de Rome, les contributions ordinaires des provinces suffisaient à ses besoins et même à ses folies; la tyrannie éprouvait peu la nécessité de pénétrer partout, de s'organiser en détail et elle n'en possédait pas la science. (*Du régime municipal dans l'empire romain*, Guizot.)

anéantis, avilis par la perte de leur liberté, disparurent sans même laisser les traces de leur résistance. Lorsque le long ébranlement produit par les luttes engagées entre ces diverses bandes de barbares se fut enfin arrêté, lorsque ces hordes elles-mêmes songèrent chacune à se fixer sur les terrains envahis, puis successivement disputés, et qu'enfin elles eurent créé ces nombreux États sur le sol que nous occupons aujourd'hui, ce fut alors qu'on vit apparaître, au milieu des lois émanées des mœurs barbares, les premières lueurs de cette législation romaine sans peuple, survivant ainsi à la nation dont elle avait éclairé la vie, traversant les siècles, surnageant au milieu de ce naufrage de la puissance et des grandeurs, des victoires et des trésors, pour venir encore nous instruire et nous dicter les plus sages de nos préceptes.

La langue latine partout répandue avait conservé le génie romain et évoqué du milieu des ruines cette législation romaine, le dernier et le plus grand témoignage d'une civilisation expirée.

La langue latine avait, en effet, suivi les conquêtes ; elle était le sceau de la victoire ; le latin était la langue que le vainqueur imposait aux vaincus.

Pour traiter avec lui, pour lui demander grâce, pour obtenir la remise de l'impôt, pour prier dans le temple, toujours il fallait la langue latine ; les mœurs romaines étaient ainsi entrées peu à peu dans la vie paisible des vaincus au milieu de leurs défaites [1].

La véritable force d'une nation réside dans ses lois, qui, quelles que soient les causes de dissolution d'un empire, lui survivent et deviennent pour d'autres peuples un objet d'études, et peut-être l'élément le plus fécond de sa civilisation.

Les nations qui ne sont défendues que par des armées et des forteresses touchent au terme de leur décadence et de leur chute.

Montesquieu le remarque avec raison. « La France, dit-il, du temps des Normands, n'a jamais été si faible que lorsque tous les villages étaient entourés de murs ; ainsi toutes ces listes des noms des forts que Justinien fit bâtir, dont Procope couvre des pages entières, ne sont que des monuments de la faiblesse de l'empire [2].

[1] Villemain, *Cours de littérature française.*
[2] *Grandeur et décadence des Romains*, chap. xx.

Un jour, la France a eu la volonté d'appeler toutes les nations à jouir des institutions nouvelles qu'elle avait proclamées, encore toutes blessées par les mille chocs de la liberté naissante, et sous lesquels notre vieux monde avait été enseveli.

Portées par nos étendards, nos institutions furent accueillies toutes frémissantes aux cris de nos victoires. La gloire les couronnait; la raison les faisait adopter, et nos lois s'élevaient dans le monde comme des monuments impérissables.

Que reste-t-il à la France du brillant éclat de sa gloire passée et des extrêmes frontières où elle avait planté son drapeau?

C'est donc une œuvre importante, la première entre toutes, que de concourir au travail législatif, à la rédaction d'un code qui doit régir les destinées d'un peuple.

Cette tâche, d'ailleurs, nous revenait à bien des titres, et l'on ne peut oublier tous les liens qui nous rattachent à votre nation.

En remontant dans les annales des siècles écoulés, nous y retrouvons vers la fin du onzième siècle à la cour du roi Alphonse, les mœurs et l'esprit de notre nation. La reine Constance appartenait à la maison de Bourgogne. Les comtes Reymond, Henri de Bourgogne et tous les élégants seigneurs qui les avaient suivis avaient importé, avec les poésies de nos troubadours, les traditions de la chevalerie.

Henri, marié à la fille du roi, dona Thérèse, devint le maître du territoire, depuis le Minho jusqu'au Tage, et jouit en toute propriété des biens que la couronne de Léon y possédait.

Luttant tour à tour et contre les Arabes et contre les armées de Léon, il mourut, transmettant à son fils l'achèvement de son rêve, de son unique pensée : l'indépendance du Portugal. Ce fils, Alphonse-Henrique, digne du nom de son père, réalisa cette pensée et eut l'honneur de porter le premier le titre de roi du Portugal.

Neuf rois et descendants légitimes du comte Henri montèrent sur le trône portugais, assurèrent l'autonomie du royaume, développèrent les institutions municipales, chassèrent les Maures du pays et jetèrent les premiers fondements de la législation qui régit la navigation et le commerce maritime.

La France a donc pris une large part dans la formation de la nation portugaise, puisque, après ces laborieux enfantements, c'est à un gentilhomme français de la maison royale de France, qu'elle a dû son indépendance. Si nos regards se rapprochent de notre époque, ils retrouveront sur le trône de Portugal un descendant d'un de nos princes les plus vaillants et les plus aimés, au caractère plein de noblesse et de dévouement, et dont l'histoire a conservé le souvenir dans une de ses pages qu'on relit toujours avec orgueil et bonheur[1].

Comment se défendre de ces réflexions et de ces rapprochements, à cette heure solennelle où le Portugal cherche, par sa transformation, à prendre place parmi les nations les plus ardentes dans le progrès et les plus préoccupées du soin de leur grandeur et de leur liberté?

Si nous avons retrouvé des noms français parmi ceux des souverains portugais, nous ne pouvons séparer l'histoire littéraire du Portugal de la nôtre.

Notre langue *romane*, importée par les gentilshommes qui avaient suivi à la cour le comte Henri, y fit naître le goût de cette poésie galante et mystique qui fit le charme des esprits du moyen âge. Le Portugal emprunta à la poésie provençale son génie, ses sentiments gracieux, ses formes. Nos troubadours furent les premiers poëtes portugais[2].

Telle est, à n'en pas douter, l'origine de ces liens qui nous rattachent à votre nation, et qui, loin de s'affaiblir avec le temps, ont reçu de lui au contraire une force nouvelle; notre littérature, nos mœurs, nos coutumes, nos modes y ont insensiblement trouvé accès et se sont ainsi implantées sur un sol que les premiers nous avions occupés.

Mais je reviens à ces premiers siècles de l'indépendance de votre nation.

Cette langue, que nous vous avions importée, passa bientôt

[1] L'aîné des fils d'Eugène de Beauharnais, décédé duc de Leuchtenberg, avait épousé la reine dona Maria. Deux mois après la réalisation de cette union, ce jeune prince succombait des suites d'une angine, le 28 mars 1835. C'est, atteinte de cette cruelle maladie que mourait, le 17 juillet 1859, en quelques jours, la jeune reine Stéphanie, mariée en 1858 au roi don Pedro V, si rapidement enlevé lui-même le 11 novembre dernier.

[2] Villemain, *Cours de littérature française* (23ᵉ leçon), *Tableau de la littérature au moyen âge*.

des chansons et des poëmes de l'amour dans les chants guerriers et dans les récits des conquêtes.

La guerre produisit en effet de grandes actions, et des chants héroïques les célébrèrent. Lisbonne devint commerçante et riche.

Dès le treizième siècle, les Portugais héritèrent de l'esprit hardi et commerçant des Arabes, et franchirent les mers. A la fin du quatorzième siècle, ils furent guidés par le prince Henri de Portugal. Ce prince avait le génie des découvertes et des entreprises maritimes. Retiré à Sagrès, près du cap Saint-Vincent, il étudiait les lois anciennes, profitant des connaissances que les croisades avaient fait arriver en Occident, il combinait un plan de découvertes, et faisait pressentir la situation des pays oubliés ou inconnus; le cap Bajador, ce fameux cap de tempêtes, fut franchi; l'île de Madère fut reconnue, les vaisseaux du prince Henri touchèrent aux îles Açores et aux îles du cap Vert: la route de Vasco de Gama fut préparée.

Cette nation, assise sur le territoire le plus limité, remplit alors le monde de son nom, de son commerce, de ses exploits. Elle avait touché aux frontières de la Chine, soumis une partie de l'Inde et devancé partout les Anglais.

Après le développement de la grandeur portugaise dans l'Inde, la pensée, jusqu'alors repliée sur elle-même, se fit entendre, et le génie portugais apparut aussi dans les chants, dans les récits, dans les discours.

Les vers du Camoëns, les lettres d'Albuquerque, l'histoire de Baros, les sermons des missionnaires ont laissé des traces ineffaçables dans l'histoire des lettres. Que de noms modernes, déjà célèbres, on pourrait citer aujourd'hui !

C'est une justice qu'il faut rendre à vos souverains : les lettres et les arts ont été pour beaucoup d'entre eux l'objet d'une vive sollicitude.

Les lettres charmaient les loisirs du roi Denis; le roi Duarte Ier, surnommé *l'Eloquent*, écrivit lui-même plusieurs ouvrages remarquables. Le roi Affonso V, qui succèda à don Duarte, son père, hérita de cet amour pour les lettres et les sciences. On peut le considérer comme le fondateur de la première bibliothèque que posséda le Portugal. Dans le voyage qu'il fit en France, avec

quelle douce satisfaction il s'arrêtait dans nos abbayes pour en
admirer les richesses accumulées dans les bibliothèques. L'objet
de sa plus ardente préoccupation était l'Université de Paris, ce
grand centre où bouillonnait la vie intellectuelle. Elle attirait ses
regards. Il avait voulu sentir les palpitations de cette jeune
royauté. Née d'hier, elle portait aujourd'hui la couronne de la
fille aînée des rois de France ; elle avait sa place à la suite des
princes du sang. Fière de ses priviléges, les défendant avec
l'ardeur de la jeunesse et l'enthousiasme de la liberté, elle com-
mandait le respect de son institution. Elle avait reçu la vie de
Philippe-Auguste et son blason du roi Charles V, avait conquis sa juridiction spéciale et envoyait des représentants aux
états généraux. Elle voulait être l'étoile qui devait guider le
pouvoir vers le progrès et l'émancipation. On la trouvait aux premiers rangs dans nos luttes intestines ; tantôt résistant aux rois,
tantôt marchant à leurs côtés, défendant le lis royal, en même
temps que les libertés gallicanes. Le roi portugais Affonso V
était heureux de cette agitation faite au nom de la protection due
aux sciences et aux lettres, et il regagna ses Etats, faisant des
vœux pour que cette brillante et indépendante Université agran-
dit encore le cercle de sa puissance et de ses franchises [1].

On ne peut s'arrêter à toutes les pages de l'histoire de votre
nation. Cependant on y retrouverait souvent les témoignages
nombreux des encouragements et des efforts qui accélérèrent le
développement des œuvres de la pensée. Mais il faut franchir ces
espaces pour s'arrêter un instant à cette époque célèbre, qui jeta
une lueur immense, dont l'éclat, après un siècle, brille encore et
illumine vos institutions.

Qui n'admire aujourd'hui même les merveilleuses et libérales
transformations opérées par le ministère de Jozé I° (Joseph Ier) :
il eut tout à vaincre, et il a tout vaincu : le roi, la noblesse, le
peuple, le clergé. La nature elle-même semblait avoir conspiré
contre lui. Il sut faire revenir le roi sur l'appréciation si défa-
vorable qu'il avait faite de son caractère et de son esprit.

---

[1] Voir, dans la *Description du Portugal*, par Adrien Balbi, une lettre de ce
roi, adressée à Gomez Lannez de Azarara. Elle témoigne de la sympathie de
ce souverain pour les hommes qui se livraient aux travaux de l'intelligence.
Voir également *Portugal*, par Ferdinand Denis.

Les vieilles institutions s'écroulèrent sous cette volonté inflexible, en même temps que la terre elle-même, s'entrouvrant,
engloutissait la capitale entière, en ne laissant qu'un monceau de
ruines, que les flammes paraissaient encore se disputer. Une nouvelle cité fut édifiée, et de jeunes institutions remplacèrent celles
qui avaient régi la vieille société portugaise. Administration,
finances, marine, agriculture, industrie, instruction publique pri-
rent une nouvelle vie ; on aurait dit le génie de Richelieu et de
Colbert allant vivifier une nation amie de la France.

Mais laissons là ces souvenirs et ces pages que l'histoire nous
a transmis avec des critiques parfois si injustes, pour ne nous
rappeler que les bienfaits reçus. Je ne veux citer que ceux qui
se rapportent aux lettres et qui servent encore à honorer la mémoire du marquis de Pombal. Il avait voulu doter son pays de
réformes salutaires pour l'enseignement ; il réforma l'Université
de Coimbre, et les statuts qu'il fit rédiger pour cette célèbre
académie sont un des plus beaux monuments que le règne de
Joze I° a légués à la postérité. Il ajouta à ces nouvelles institutions la création du *subside littéraire*, conception libérale, des-
tinée à de salutaires résultats [1].

Qui ne sait avec quel amour profond Ferdinand II, lui-même
artiste distingué, le père de votre roi actuel, et son fils don
Pedro V, trop tôt ravi à l'affection de son peuple, ont toujours
encouragé les écrivains, les savants et les artistes !

Le règne de don Pedro est rempli des témoignages de cette
ardente préoccupation.

Avec quelle diffusion libérale il répandait ses bienfaits et
multipliait les lois qui devaient éclairer son peuple, élever les
sentiments de sa dignité, multiplier les sources de son bien-être
et de ses jouissances. Ajoutant à toutes les dispositions dont les
universités, les académies, les bibliothèques publiques avaient
été l'objet [2], don Pedro V donna à l'enseignement un nouvel essor,
créa à ses frais une chaire pour l'enseignement de l'histoire, de
la philosophie et de la littérature portugaise (loi du 8 juin 1859),

---

[1] Ce subside avait pour objet la création, dans chaque commune, d'écoles
élémentaires à l'aide d'un impôt spécial sur le vin et l'eau-de-vie.

[2] Jean V fonda l'Académie de l'histoire portugaise, et l'Académie des sciences de Lisbonne fut créée le 24 septembre 1779.

organisa l'administration de la justice et supprima la juridiction spéciale à laquelle étaient soumis les étrangers (loi des 19 août 1859-12 mars 1860).

Il s'occupa sérieusement aussi de la rédaction des nouveaux codes, à laquelle on travaillait déjà depuis 1850.

Partout, enfin, ce jeune souverain communiqua l'élan de ses vastes et généreuses pensées ; il dota le commerce de réformes économiques importantes, en abolissant les priviléges, les monopoles entravant encore certaines branches d'industrie (loi du 1er juillet 1858 qui fait rentrer dans la liberté commerciale la fabrication et le commerce du savon).

Heureuse la nation qui sent ainsi le prix des richesses de la pensée et du génie !

Honneur aux souverains qui cherchent le bonheur et la grandeur de leurs peuples dans les conquêtes paisibles et fécondes du développement intellectuel !

Le roi don Luis a compris la noble tâche qu'il avait à continuer et remplir, il s'est résolûment appliqué à atteindre le but auquel Ferdinand II et don Pedro V avaient consacré tant d'efforts, et déjà il semble qu'il a conquis l'affection de son peuple.

Ces réflexions qui précèdent, et dont je n'ai pu me défendre, sont un témoignage du prix que j'attache à l'honneur que vous m'avez fait en m'associant à vos travaux.

Il ne peut m'appartenir d'embrasser l'ensemble des dispositions de votre projet de Code pénal, ni de présenter sur chacune des dispositions isolées des observations et des critiques, encore moins puis-je indiquer à la législation pénale de nouvelles limites et lui créer un nouveau domaine.

Une semblable tâche est au-dessus de mes forces ; d'ailleurs, elle a été remplie ; vous avez vous-même fait connaître [1] avec

[1] M. Jordaô dit, en terminant son rapport au roi : « La Commission se fait un devoir de réitérer à tous ces savants jurisconsultes l'expression de sa reconnaissance et spécialement à Bonneville de Marsangy, conseiller à la Cour impériale de Paris, dont les très-importants travaux sur le projet eussent pu former un volume et qui se propose de publier à Paris une traduction de nos nouveaux Codes, accompagnée d'une introduction historique et d'un commentaire approfondi, offrant sur chaque article les documents les plus récents de la science et de la législation comparée. » (Ce rapport a été publié dans la *Revue de législation*, la dernière partie est insérée dans le numéro du mois de février 1861.)

quel zèle, avec quelle intelligence, avec quelle expérience de ces questions pénales notre savant collègue vous avait apporté son concours. Dans vos rapports continuels depuis plusieurs années, vous avez pu, mieux que personne, apprécier le dévouement sans relâche de M. Bonneville de Marsangy, la sagesse des nombreuses modifications qu'il vous a présentées, et des prescriptions originales que votre législation va inaugurer.

Ces travaux permettront à la France de revendiquer une partie importante dans vos nouvelles réformes pénales [1].

Quant à moi, je dois me borner à compléter les diverses notes que j'ai eu l'honneur de vous adresser, en appelant votre attention sur les articles qui touchent à la propriété littéraire et industrielle, et renfermant la sanction des droits reconnus aux auteurs, aux artistes, aux inventeurs, sur leurs œuvres et leurs créations, et aux industriels sur leurs marques de fabrique et de commerce.

Restreinte ainsi, cette tâche est bien vaste encore. Assurément, je ne saurais me reporter aux principes qui régissent cette propriété toute spéciale, et encore moins toucher aux nombreuses questions qui se sont élevées et qui naissent chaque jour.

Je ne puis oublier qu'il s'agit ici d'articles d'un Code pénal, renfermant des sanctions et, par conséquent, se référant aux législations existantes.

Le moment serait favorable, cependant, pour prendre de nouveau la défense des principes que vous avez, comme moi, fait triompher au remarquable congrès de Bruxelles en 1858.

Vous savez, en effet, monsieur le rapporteur, qu'une Commission nommée tout récemment pour préparer un projet de loi sur

[1] M. le comte Démeunier, président du Tribunat sous le premier Empire, puis sénateur, qui prit comme député une part si active aux travaux de l'Assemblée constituante et qui laissa des écrits estimés disait : « Un secret amour-propre nous séduit ; il semble que nos coutumes et nos lois doivent servir de modèle à toutes les contrées. » Cette pensée, vraie à l'époque où elle était exprimée (en 1776, dans l'ouvrage intitulé : *l'Esprit des usages et des coutumes des différents peuples*), n'est plus exacte aujourd'hui. Notre législation, née des libertés de notre grande révolution, a fait son temps d'épreuves, et ses principes servent aujourd'hui de base à toute la législation européenne. Cette citation est peut-être une faiblesse de ma part. Cependant je crois que le temps ne doit pas éteindre le culte de la famille et que c'est un devoir pour le neveu d'un homme qui a rendu des services à sa patrie, de rappeler sa mémoire au souvenir des générations présentes.

la propriété littéraire et artistique a posé, comme base de cette œuvre nouvelle, ce principe, que la pensée produit une propriété perpétuelle dans sa durée, et donne un droit égal à celui qui est reconnu sur tout objet matériel [1].

Ce n'est là qu'une idée émise; il y a trop de libéralisme en France, trop de sentiment du juste, trop d'entraînement et trop d'amour pour la gloire, pour craindre qu'une telle pensée, renfermant un germe si nouveau et si malfaisant, puisse jamais être fécondée.

Vous le savez comme moi et les raisons naissent en foule à l'esprit pour s'élever contre une solution si inattendue. Il faut négliger ces tendances du moment, de vouloir tout asservir, tout courber sous le joug de l'intérêt; dominant ces passions d'un jour, s'élevant au-dessus d'égoïstes prétentions, le législateur doit rechercher la source des œuvres de la pensée et du génie, et s'il reconnaît que l'écrivain, l'artiste a puisé dans les œuvres de ses devanciers les lumières de son intelligence; s'il reconnaît que l'homme doit à ses semblables le produit de ses conceptions, qui tendent à l'amélioration de la société, à son perfectionnement, parce que c'est là la loi des destinées humaines; si, enfin, le législateur reconnaît que par sa nature, par son essence, l'œuvre intellectuelle n'est pas susceptible d'une appropriation, il faudra bien alors proclamer de nouveau les principes qui nous régissent aujourd'hui, que vous avez adoptés, et qui ont fait, on peut le dire, le tour du monde.

Il faut aller bien au delà, car il faut dire que, si le travail de la pensée a droit à une rémunération, le tribut qu'on donne au mercenaire est ici une satisfaction incomplète. L'auteur, l'artiste demandent autre chose que cette jouissance sensuelle que fait éprouver la supputation des deniers que l'industriel voit briller dans l'encaissement de ses bénéfices.

[1] Le 23 janvier dernier (1862), la Saxe a présenté à la Diète germanique une demande ayant pour but de nommer une Commission dont les membres seraient pris parmi les jurisconsultes et les savants allemands, et qui seraient chargés de préparer un projet de loi sur la propriété intellectuelle en Allemagne. La Saxe a recommandé à l'attention de la Diète le projet *de la Société de la Bourse des libraires allemands*, de Leipzig. Voir la brochure publiée par M. le docteur Stubenrauch, professeur à l'Université de Vienne (Autriche, imprimerie de Hirschfeld).

Votre grand poëte avait ainsi compris la tâche que la Providence lui avait confiée, et il l'a noblement remplie.

« Oui, s'écriait-il, c'est à la patrie que je consacre ma lyre, on ne me verra pas demander à la fortune le prix de mes travaux, j'ose l'attendre de la postérité. *Honneur*, dira-t-elle, à celui qui chante le berceau de ses pères ! Ecoute : le nom portugais va retentir dans mes chants [1]. »

Mais je laisse et veux oublier ce sujet, sur lequel j'ai déjà dit ma pensée tout entière [2], certain que je suis que cette théorie nouvelle n'est qu'un égarement que vous ne partagerez pas ; ce n'est assurément pas le moment de la suivre pour abandonner les sages préceptes qui vous régissent.

Mais la France n'en a pas moins droit à votre sympathique admiration.

Si chaque jour autour de nous s'élève, comme un monument dressé à la pensée, à l'intelligence humaine, les lois nouvelles qui protégent et les œuvres littéraires et artistiques et les créations industrielles, c'est à la France qu'est due cette généreuse initiative; c'est à son décret du 25 mars 1852 qui protége sans réserve les nationaux et les étrangers contre la spoliation des contrefacteurs.

Avec ce décret, la pensée s'est élancée du sein de notre pays; l'Empire a proclamé son affranchissement, il a, pour elle, renversé toutes les barrières ; les traités de commerce la mettent aujourd'hui en libre circulation, et quelle que soit sa forme et son but, qu'elle appartienne à l'industrie ou qu'elle conserve sa pureté originelle et demeure dans le domaine des lettres et des arts, les pays étrangers l'appellent et lui donnent une généreuse hospitalité.

Des traités internationaux lient presque tous les peuples de l'Europe entre eux [3].

---

[1] *Les Lusiades*, chant Ier, poëme de Camoëns, trad. de Millié.

[2] *Revue contemporaine*, n° 15, mars 1862.

[3] La France a conclu depuis 1851 des traités avec les divers Etats allemands au nombre de vingt environ; cette nouvelle situation internationale faisait dire dernièrement à un écrivain allemand que les traités pour la production des arts et des lettres sont un triomphe de la civilisation sur la barbarie et qu'ils ouvrent le champ le plus vaste du droit positif, le droit des gens, à un nouveau principe. (*Moniteur*, 7-21 février 1857, reproduisant un article de la *Gazette d'Augsbourg*, des 24, 25, 27, 23 janvier 1857.)

Cette alliance est la véritable ligue du bien public. Guidés par les principes qui vous éclairent aujourd'hui, marchez donc résolûment dans la voie que vous avez suivie, car elle conduit sûrement à la véritable indépendance et à la véritable civilisation.

Laissez dans le pays des surprises les esprits inconstants et téméraires chercher de nouvelles doctrines et courir les aventures. Plus heureux, vous touchez au terme de vos travaux, auxquels votre Parlement donnera une prochaine sanction.

Mais je reviens au sujet de ce rapport, limité aux dispositions pénales en ce qui concerne les atteintes portées aux droits des auteurs, artistes et inventeurs. Ce serait une erreur que de croire qu'il soit sans importance d'adopter telle ou telle prescription pénale.

Toute disposition de droit aboutit à une sanction. Les principes que la loi laisse sans une sanction pénale appartiennent à la morale ou au droit civil. La sanction pénale est la consécration des maximes qui sont le fondement de l'ordre social. Le Code pénal devient ainsi le recueil des lois que la conscience du vulgaire ne peut enfreindre. Personne ne doit le méconnaître. Aussi le législateur doit-il, pour établir ses divers modes de répression, tenir compte du mouvement des esprits, des tendances du siècle, sans froisser les mœurs, les habitudes acquises, les usages établis.

J'arrive maintenant, après ces trop longues réflexions, au sujet dont je me suis occupé et duquel je dois vous entretenir.

DEUXIÈME PARTIE

NOUVEAU PROJET. — EXPOSÉ DES MOTIFS.

La législation du Portugal, en ce qui concerne les droits des auteurs, artistes et inventeurs, est une des plus récentes. La loi qui régit les inventions brevetées est du 16 janvier 1837 ; celle qui réglemente la propriété littéraire et artistique a été promulguée le 8 juillet 1851 ; en même temps était conclu entre la France et le Portugal le premier traité pour la garantie des œuvres d'art et d'esprit que le gouvernement actuel de la France ait passé. Ce traité inaugurait une ère nouvelle [1], c'était le premier pas sur cette route qui allait bientôt rayonner de tous côtés au delà de nos frontières [2].

On ne peut s'empêcher de signaler avec quel esprit libéral avait été dictée cette moderne législation. L'article 32 de la loi du 8 juillet 1851 était un appel fait aux nations étrangères pour obtenir en faveur des œuvres de littérature et d'art une garantie efficace. La disposition de cet article considère comme regnicole l'auteur étranger d'un ouvrage publié en pays étranger et contrefait en Portugal, pourvu toutefois que la nation à laquelle l'étranger appartient garantisse aux Portugais la même protection.

Notre décret du 28 mars 1852, brisant cette dernière entrave, a concédé aux auteurs et artistes étrangers les mêmes droits qu'aux Français, sans recours, sans condition de réciprocité [3].

[1] Ce traité a été conclu le 12 avril 1851 et promulgué le 17 août suivant.

[2] Aujourd'hui la garantie de la propriété littéraire et artistique existe en vertu de traités conclus entre la France et de nombreux États. M. Delalain, dans sa dernière brochure, publiée en janvier 1862, *Législation de la propriété littéraire et artistique*, en a donné la liste complète. Elle se trouve également dans le Code international de la propriété industrielle et les *Annales* publiées par MM. Pataille et Calmels.

[3] Nous avons apprécié cette mesure dans notre *Traité de la propriété et de la contrefaçon des œuvres de l'intelligence*.

2

On ne trouve, dans la législation portugaise sur les créations de l'industrie qu'on désigne en France sous le nom de *modèles, dessins, secrets, marques de fabrique*, que la disposition de l'article 20 de la loi du 8 juillet 1851 qui garantit en principe la propriété des dessins et modèles de fabrique, en annonçant qu'elle sera réglée par une loi spéciale. En ce qui concerne les marques, après l'adoption du projet du Code pénal, cette lacune ne sera plus aussi complète. Les marques de fabrique portugaises et françaises seront garanties par les prescriptions du nouveau Code et par l'article 17 du traité du 12 avril 1851. Il est digne de remarque que le Portugal, entraîné par ce grand courant industriel qui anime notre époque, a compris qu'il ne pouvait rester stationnaire, et que, bien que les fabricants et marchands portugais n'aient pour leurs marques d'autres protections que celles que leur accordent les principes généraux du droit, le législateur portugais a stipulé pour ses nationaux des garanties en faveur de leur commerce extérieur avant d'avoir décrété des mesures de protection pour la fabrication et le commerce intérieurs.

Tel est l'ensemble des documents qui composent en cette matière la législation actuelle du Portugal.

Cette législation s'est largement inspirée des lois françaises ; on y retrouve les mêmes principes attribuant au propriétaire d'une œuvre littéraire et artistique un droit exclusif de reproduction pendant un temps limité à trente années après le décès de l'auteur ; les mêmes formalités sont prescrites pour la recevabilité de l'action ; le même caractère est imprimé à la contrefaçon : c'est un délit, c'est-à-dire un acte que la loi pénale réprime ; enfin, les peines sont de la même nature et appliquées dans les mêmes proportions.

Ces principes sont aujourd'hui, à quelques modifications près, accessoires, insignifiants, les mêmes dans la législation de tous les peuples [1].

Ils ont été solennellement consacrés, dans le congrès tenu à

---

[1] Cependant il paraît que la Russie, dans un traité qu'elle a conclu récemment avec la Belgique, punit les contrefacteurs de la peine du fouet et de la déportation en Sibérie. Je n'ai pu me procurer le texte de ce traité, que j'ai seulement vu annoncé dans un journal quotidien. — Ulpien disait : *Pœna non excedat rationem.*

Bruxelles en septembre 1858, par une assemblée que je pourrais appeler la plus intelligente, car, à coup sûr, elle mériterait à tous égards cette qualification, mais que je veux seulement désigner comme la plus indépendante qui ait jamais été convoquée pour examiner les principes qui devaient régir les droits des auteurs sur leurs œuvres.

Le chapitre VIII du projet de votre Code pénal est consacré aux pénalités édictées pour protéger ce qu'on est convenu d'appeler la propriété littéraire et industrielle ; il est divisé en deux parties ; la première a pour objet la contrefaçon et autres violations de la propriété littéraire, artistique et industrielle ; la seconde, la contrefaçon, usurpation et imitation des marques de fabrique et de commerce, ou de modèles de fabrique.

Ce chapitre comprend les articles 520 et suivants, jusqu'à l'article 537.

Les prescriptions de ces articles remplacent celles des articles 378 et 384 du Code actuel appliqués à la contrefaçon des inventions brevetées et des œuvres littéraires et artistiques.

Le projet que je vais examiner ne me paraît pas présenter tous les éléments de perfection qu'on doit, à juste titre, attendre d'une législation complétement nouvelle, et que rien ne gêne dans la direction de sa marche et dans la liberté de son allure.

Le caractère d'une loi pénale est avant tout la netteté, la précision ; elle doit être comprise sans efforts par l'esprit le plus rebelle.

Elle doit être complète, dire tout ce qu'elle veut dire, ne rien donner à entendre, ne pas laisser l'interprétation s'emparer de ses prescriptions, ni créer des analogies.

On ne peut atteindre ce but que par une bonne division et l'établissement de principes certains, à la sanction desquels la loi pénale est attachée. La route que doit parcourir la législation pénale est tracée d'avance par des règles immuables et, en ce qui touche uniquement à notre sujet, par des règles écrites dans des lois spéciales qui proclament les droits des auteurs. Les articles d'un Code pénal sont comme ces feux allumés pour indiquer au voyageur les écueils qu'il doit éviter, c'est à lui ainsi averti de choisir en toute liberté d'étape en étape le lieu de repos et le temps d'arrêt de son activité personnelle.

Or, voyons comment le projet divise le sujet qu'il va régir, et comment il en dispose les prescriptions.

La rubrique de ce chapitre ne présente pas à l'esprit une idée bien précise du sujet qu'elle veut embrasser.

Par ces expressions vagues *et autres violations de la propriété littéraire*, on pourrait croire que la loi pénale réprime toutes les atteintes portées aux droits des auteurs.

Il n'en est pas ainsi cependant.

Ce qui caractérise la contrefaçon et les délits qu'on veut ici réprimer, c'est l'atteinte portée aux œuvres de l'esprit par la reproduction faite sans droit. On peut cependant porter atteinte aux droits des auteurs par d'autres moyens que par une reproduction illégitime.

Ainsi, l'ouvrier infidèle qui abuse de la confiance que son patron a placée en lui s'empare de l'œuvre inachevée de ce dernier, pour aller la déposer en son nom, ou se faire délivrer un brevet d'invention, ou la publier enfin, comme s'il en était l'auteur, en la marquant de son nom; cet ouvrier infidèle, dis-je, ne se rend pas seulement coupable de contrefaçon, mais il peut encore commettre un vol ou un abus de confiance.

Toute contrefaçon est une atteinte à la propriété d'une œuvre de l'esprit, mais toute atteinte à cette propriété n'est pas une contrefaçon.

Les œuvres musicales et dramatiques peuvent être l'objet d'une violation particulière en dehors de la reproduction illégale.

Elles peuvent, en effet, être l'objet d'une représentation faite sans droit; c'est là, à vrai dire, un mode spécial de reproduction.

Qu'on le considère comme un mode particulier, soit, mais la loi pénale n'aura pas à l'envisager autrement qu'une contrefaçon.

Il faut donc préciser et dire que la loi pénale réprime particulièrement dans ce chapitre les reproductions et représentations faites sans droit. J'ai pensé, néanmoins, qu'il fallait grouper dans le même chapitre les atteintes portées au droit des auteurs, artistes, inventeurs sur leurs créations, lorsqu'elles touchaient par quelques points à une fraude commise dans le but d'exercer une reproduction illégale.

Il m'a donc semblé que la rubrique de ce premier chapitre présenterait une expression plus exacte de ce qu'il contient en lui donnant le titre suivant : *De la contrefaçon et des atteintes portées au droit des auteurs, artistes, inventeurs et créateurs de dessins et modèles industriels.*

ART. 1 ET 2. — La contrefaçon est un délit ; à ce titre, elle appartient à la législation pénale. Il faut donc définir ce délit, faire connaître son caractère et les éléments qui le constituent. Cette définition est l'expression des principes adoptés pour protéger les créations de l'esprit, de même que sa classification, sa place marquée dans le Code pénal est la sanction de ces principes.

La tâche du législateur est ici difficile à remplir ; il doit éviter un double écueil : ou de donner aux auteurs, artistes, inventeurs une protection insuffisante, ou de protéger aveuglément ces droits. Dans le premier cas, l'intérêt privé est atteint, et avec lui les légitimes exigences du travail et des efforts de la pensée. Dans le second cas, l'intérêt général est froissé. Dépassant le but, le législateur a mis la main sur la liberté la plus sacrée, celle que revendiquent dans la société tout entière ceux qui vivent du fruit de leur industrie, et qui seraient menacés de rencontrer à chaque pas, sous la forme de privilèges particuliers, des obstacles insurmontables.

Rémunération légitime du travail industriel ;

Liberté du travail pour tous ;

Reconnaissance du droit qu'a la société de tendre à son développement moral et intellectuel, de progresser, de se civiliser, en profitant sans réserve des lumières des découvertes — voilà le but auquel il faut atteindre.

Cette triple consécration doit se trouver inscrite dans la première disposition.

Plus les sources du travail sont nombreuses dans une société, plus cette société marche rapidement dans la voie du bien-être, plus elle se moralise, plus elle s'élève. Les plus mauvais jours ont été ceux du monopole et de la restriction. L'homme perdait à la fois et sa liberté et sa dignité pour gémir inactif sous des lois dictées par une pression tyrannique et méfiante.

Il ne faut pas aujourd'hui qu'au nom de la liberté chacun arrive à se créer à perpétuité le monopole d'une idée, d'un système, d'une conception scientifique, d'une œuvre littéraire, artistique, ou d'un perfectionnement industriel.

C'est donc une définition importante que celle du délit de contrefaçon. Les législations, à cet égard, sont vagues, incertaines, toutes incomplètes. La jurisprudence a résolu cependant de nombreuses questions. Ces solutions peuvent nous guider dans le choix des éléments constitutifs de la contrefaçon. Qu'il me soit permis d'ajouter aussi que j'ai puisé dans mon expérience personnelle quelques-unes des modifications que je vous soumets. L'article suivant renferme tout ce qui constitue le délit de contrefaçon.

Il fallait, à côté du délit de contrefaçon, placer celui du débit d'ouvrages contrefaits.

Le débit ou la vente des objets contrefaits est distinct du délit de contrefaçon ; aussi funeste dans ses conséquences, il laisse cependant une plus large place à la défense fondée sur la bonne foi.

Le marchand, le débitant d'ouvrages contrefaits, est toujours abrité par le fabricant ; il n'a pas l'initiative du délit. Pour que sa culpabilité existe, il a dû connaître l'illégitimité de la fabrication à la divulgation de laquelle il allait concourir, ou tout au moins il a dû rester dans une abstention imprudente, sans chercher à dissiper son ignorance sur la sincérité du droit du fabricant pour le compte duquel il consentait à être l'intermédiaire vis-à-vis du public.

Dans le premier cas, le débitant devient le complice du fabricant ; dans le second, il n'a rien fait pour s'éclairer et pour changer son ignorance, son incertitude, en bonne foi ; il a craint que la recherche de la vérité ne vînt nuire à ses intérêts et le priver d'un débit qui lui rapporterait des bénéfices ; il a préféré son intérêt à son devoir ; il a commis le délit de débit d'ouvrages contrefaits [1].

Le débit d'ouvrages contrefaits peut s'appliquer aussi bien aux contrefaçons fabriquées en pays étrangers qu'aux produits contrefaits en Portugal.

C'est avec raison que l'introduction en Portugal d'œuvres contrefaites constitue un délit.

Aujourd'hui la pensée, l'industrie, le commerce ont le monde

[1] On consultera avec fruit un article de M. Pataille, dans les *Annales de la propriété industrielle*, an 1857, p. 297, sur les effets de la bonne foi en matière de contrefaçon.

pour empire. Les frontières des nations s'abaissent devant ces conquérants, devant ces dominateurs pacifiques.

La France a tracé ces nouvelles voies ; le Portugal aime à le rappeler avec un certain orgueil, c'est lui qui, le premier, après le mouvement révolutionnaire de 1848, a conclu avec la France un traité, dans le but de garantir dans les deux pays la propriété des œuvres d'art et d'esprit, et celle des marques de fabrique.

Dans ce traité, conclu le 12 avril 1851, l'introduction et la vente dans chacun des deux Etats d'ouvrages contrefaits, alors même que ces ouvrages auraient été fabriqués en pays étranger, étaient prohibées, et les objets contrefaits étaient considérés comme marchandise de contrebande.

La disposition actuelle du Code pénal relative à l'introduction d'ouvrages contrefaits n'est donc pas créatrice d'un droit nouveau ; elle n'est que la consécration et la généralisation des articles 8, 9 et suivants du traité international du 12 avril 1851.

La contrefaçon étant la reproduction faite sans droit, c'est-à-dire sans l'autorisation des auteurs ou de ses représentants, ne peut exister à l'égard des œuvres tombées dans le domaine public. Ce délit suppose un droit de reproduction privative.

Cependant il reste pour les œuvres du domaine public un intérêt d'honneur, à l'égard des auteurs et artistes, que le législateur doit sauvegarder. Le mérite d'une œuvre de l'intelligence ne doit jamais cesser de revenir à son auteur ; celui-ci doit toujours en avoir l'honneur, comme il en conserve la responsabilité. Ce titre d'auteur, d'inventeur est imprescriptible. Si le domaine public s'enrichit, par suite de puissantes considérations et par l'effet même de la nature des droits des auteurs, de la libre reproduction des œuvres de la pensée au bout d'un certain temps, c'est à la condition de respecter la propriété qui lui a été transmise et de la conserver intacte ; ceux qui puisent dans ce domaine commun n'ont pas plus de droits.

L'œuvre est inséparable du nom de l'auteur ; elle forme avec lui un tout indivisible ; tous peuvent puiser dans le domaine public, mais aucun ne peut l'altérer.

Sera donc considéré comme contrefacteur celui qui publiera sous son nom tout ou partie de l'œuvre d'autrui, tombée dans le domaine public.

Il pourra être poursuivi par tous ceux qui y auront intérêt; parmi ces personnes, il faudra compter non-seulement les héritiers ou les représentants de l'auteur, dont l'intérêt survit à la durée de jouissance privative; mais il faudra reconnaître que cette action sera valablement intentée par les éditeurs qui ont publié les ouvrages de l'auteur sous son nom; il ne faut pas, en effet, que l'usurpateur de l'œuvre d'autrui puisse publier l'œuvre entière, en trompant sur son origine.

Sera également considéré comme contrefacteur celui qui aura publié une œuvre du domaine public sans indiquer le nom de l'auteur sous lequel cette œuvre a jusqu'alors été connue.

La reproduction constitutive du délit de contrefaçon doit être publique.

Le droit de l'auteur n'est, en effet, garanti par la législation que lorsque son œuvre a été publiée.

Le législateur peut-il s'occuper de la pensée retenue captive dans les plis de l'imagination, ou confiée comme un mystère au papier, ou déposée sur la toile, et que paraissent effaroucher les regards de la publicité? Non, évidemment; si le droit des auteurs, ainsi que la Cour de Paris l'a fait observer[1], a son principe dans la composition des ouvrages de littérature ou de gravure, c'est de la publicité que dérivent son existence légale et ses prérogatives.

C'est donc également par la publicité donnée à la reproduction que naîtra la contrefaçon.

Réprimer comme contrefaçon, c'est-à-dire comme délit, la reproduction non publique de l'œuvre d'un auteur serait nuire aux intérêts de cet auteur, bien loin de les favoriser.

La reproduction de l'œuvre d'autrui dans un but d'instruction, ou même pour un usage personnel, sans que cette reproduction puisse toutefois conduire à une exploitation commerciale quelconque, ne pourra jamais être considérée comme une contrefaçon.

La contrefaçon, comme tout autre délit, suppose l'intention de nuire, la mauvaise foi. On ne trouve aucune raison pour apporter en cette matière une exception à ces principes.

[1] Arrêt du 22 novembre 1853.

Il est juste de dire aussi, en ce qui concerne la preuve de cette mauvaise foi, qu'il faut apporter une dérogation à la règle de droit d'après laquelle la mauvaise foi ne se présume pas.

Par le fait seul de la reproduction de l'œuvre d'autrui, la présomption de mauvaise foi naît contre le reproducteur. Il a fait, il a agi, il doit compte des motifs de son acte; rien ne le forçait à sortir de l'abstention et à porter la main sur une œuvre qui ne lui appartient pas.

Il doit expliquer, justifier son acte; s'il ne le fait pas, il reste en présence d'une reproduction qu'il n'avait pas le droit de faire.

Il est, dès lors, coupable de contrefaçon.

Cette disposition est générale; elle s'applique même au cas de contrefaçon des inventions brevetées. Si la publicité donnée à ces inventions exclut plus difficilement la bonne foi, elle ne l'exclut pas d'une manière absolue; des cas peuvent se présenter où le fabricant d'un objet déjà breveté a pu être induit en erreur sur le véritable propriétaire de l'invention, et a pu se croire suffisamment autorisé par ce propriétaire putatif, apparent, pour se livrer à la fabrication d'un produit déjà breveté, appartenant à un autre; cette erreur peut également porter sur l'étendue des droits du breveté et sur la validité de son brevet.

En un mot, il suffit qu'il puisse se présenter des circonstances où la bonne foi trouve sa place, pour ne pas déroger d'une manière aveugle à cette règle de toute justice que le délit n'existe pas sans mauvaise intention dans l'agent qui l'a commis.

Art. 3. — Si j'ai pensé qu'il était sage de rester ainsi dans les limites juridiques du droit pénal, en ce qui concerne la reproduction de la part des tiers, j'ai voulu également protéger les auteurs et inventeurs eux-mêmes; à mon sens, ils ne peuvent jamais être considérés comme contrefacteurs des œuvres dont ils ont cédé le droit de reproduction.

Le contrat intervenu entre un tiers et l'auteur, au sujet de la transmission de la propriété de son œuvre ou du droit de l'exploiter et de la reproduire, est impuissant pour enlever à l'auteur sa qualité, son titre. J'ai dit comment cette qualité survivait à la perte du droit de reproduction, et comment l'auteur ou ses représentants pouvaient toujours la revendiquer, même contre le domaine public.

On ne peut donc jamais être le contrefacteur d'une œuvre dont on est l'auteur ou l'inventeur, et la cession intervenue n'enlève pas à l'auteur sa qualité; qu'il manque aux obligations contractées vis-à-vis de son cessionnaire, qu'il publie avant le terme fixé dans la cession, qu'il publie autrement que le traité ne le lui permettait, cela est possible; mais ces infractions ne pourront constituer un délit, un acte justiciable des tribunaux correctionnels.

Ces inobservations faites à la loi des parties ne peuvent donner naissance qu'à des quasi-délits, ou des délits civils, si l'on veut, comme tous ces actes inspirés par une bonne foi plus ou moins douteuse ou équivoque, que les tribunaux civils seuls sont appelés à apprécier [1].

Doit-il en être de même à l'égard de la partie qui a contracté avec l'auteur ou l'inventeur? Les raisons que nous venons d'exposer ne lui sont pas complétement applicables; nous n'hésitons pas cependant à admettre à l'égard de cette partie contractante la même solution.

Le contrat intervenu domine ici; il est substitué à la loi qui punit la contrefaçon. Toutes les difficultés qui pourront s'élever auront toujours pour base l'interprétation du contrat intervenu; l'intérêt privé est seul en cause; la reproduction faite aujourd'hui peut être conforme au droit concédé; en tous cas, elle l'était hier. Ce n'est donc pas le cas d'appliquer la loi pénale, qui n'admet pas de criminalité éventuelle, et qui ne reconnaît dans le même fait qu'un caractère de culpabilité un, indivisible, absolu.

Art. 4. — On peut rattacher au délit de débit d'objets contrefaits la représentation d'une œuvre dramatique ou l'exécution d'une composition musicale sans le consentement de l'auteur.

C'est assurément là une divulgation qui compromet au plus haut degré les droits des auteurs et compositeurs.

Toutefois, ce délit diffère du précédent en plusieurs points, et surtout par la restriction des poursuites dirigées.

Le projet du Code portugais, imitant en cela la législation

---

[1] Cependant une loi récemment publiée en Turquie établit à cet égard une distinction. Elle assimile au vol le fait par l'imprimeur de faire un tirage d'exemplaires plus grand que celui qui avait été convenu avec l'auteur. Telle est la disposition de l'article 6 d'un arrêté publié à Constantinople le 19 avril 1857 (voir *Annales*, 1859, p. 97).

française (C. pén., art. 428), ne considère comme auteurs du délit que les directeurs et entrepreneurs de spectacle. Les artistes, les acteurs, les musiciens, qui interprètent l'œuvre, qui en font jouir le public, qui, en un mot, sont les intermédiaires, ne sont soumis à aucune action ; ils sont complétement couverts par l'industriel, qui assume sur lui toute la responsabilité de l'exploitation.

C'est avec raison qu'on limite ainsi l'action des auteurs dont l'œuvre est représentée sans leur consentement. Cette divulgation a lieu sous le nom de l'entrepreneur, par son fait, par son ordre, dans le lieu dont il est le locataire et dans l'exercice d'un privilége qui lui a été conféré ; les acteurs, les musiciens ne sont donc que des préposés, et, dès lors, irresponsables.

D'après le traité conclu entre la France et le Portugal, les auteurs français sont autorisés à percevoir les droits d'auteur qui leur seront alloués par la législation du pays où leurs pièces ou compositions musicales ou dramatiques sont représentées.

Mais ce droit est dépourvu de sanction ; l'article 5, qui renferme les dispositions que nous venons de citer, se termine, il est vrai, en disant que, s'il se rencontre à cet égard quelque lacune dans la législation portugaise, on aura recours à la législation française, qui sera appliquée subsidiairement, en conformité avec les lois et coutumes du royaume.

La loi du 8 juillet 1851 a complété ces dispositions ; dans son article 27, elle assimile au contrefacteur celui qui aura, contrairement aux droits garantis aux auteurs, représenté sur un théâtre public des compositions musicales ou toute autre production de l'esprit ; dans ses articles 29 et 35, elle indique les peines et les condamnations qui devront être prononcées contre l'entrepreneur de spectacle qui, sans l'autorisation de l'auteur, aurait représenté son œuvre.

Il n'y avait aucun motif pour changer ces dispositions en ce qui concerne la prescription des peines ; j'ai donc fixé l'amende dans les mêmes limites que celles qu'avait indiquées la loi du 8 juillet 1851.

En ce qui concerne la satisfaction à donner aux intérêts de la partie plaignante, il m'a paru qu'elle sera complète en laissant aux auteurs la faculté de saisir la recette, après une autorisation préalable du magistrat, et de porter devant les tribunaux la question relative à la fixation des dommages-intérêts qui peuvent être dus.

Je repousse le système emprunté à l'ancienne législation, d'après lequel le contrefacteur était condamné à l'avance et d'une manière uniforme à une somme invariablement fixée, à titre de dommages-intérêts.

Cette fixation est contraire à l'équité; elle est aveugle, puisqu'elle est invariable. Comment assigner à l'avance une base immuable aux dommages-intérêts qui pourraient être dus dans l'avenir? Rien n'est plus relatif. Les dommages doivent toujours dépendre de l'appréciation du juge [1].

A cet égard, le projet actuel apportera une grande dérogation à la loi du 8 juillet 1851, actuellement en vigueur.

Les premiers articles étant consacrés à définir les principes et à préciser les cas qu'une pénalité devra atteindre, j'ai pensé qu'il était logique d'examiner en quoi consistaient les peines édictées et les condamnations qui pourraient être prononcées, en laissant de côté l'appréciation des dommages-intérêts, qui ont toujours, de dehors des dispositions pénales, une existence distincte.

Art. 5. — De grandes difficultés se sont élevées au sujet de la confiscation des produits contrefaits et des appareils ayant servi à la fabrication.

La législation française est, à cet égard, toute à faire.

Des principes exceptionnels régissent la contrefaçon des objets brevetés : le législateur prononce la confiscation dans tous les cas, alors même que les prévenus sont acquittés. La confiscation est prononcée d'une manière absolue.

Cette dérogation aux principes les plus sacrés du droit conduit à des conséquences injustes et désastreuses ; les tribunaux eux-mêmes ont déjà apporté des exceptions à cette inflexible prescription.

En matière de peine, l'absolu est injuste, parce qu'il est aveugle ; aussi il arrive que des prévenus acquittés peuvent néanmoins être ruinés par l'effet de la confiscation. Que deviennent pour

---

[1] Notre loi du 19 juillet 1793 avait également fixé à l'avance le chiffre de l'indemnité qui devait être accordée. Mais, à cet égard, cette loi a été abrogée par les dispositions du Code pénal et par celles du décret du 5 février 1810.

eux le droit et l'équité ? Si la confiscation est une peine, elle ne doit pas être prononcée, puisqu'ils sont acquittés ; si elle est une réparation, ils n'en doivent pas, puisqu'ils n'ont commis aucun acte coupable et que, dès lors, la juridiction correctionnelle est sans qualité pour les déposséder de biens qui constituent leur fortune.

Il ne s'agit donc plus que d'intérêts purement civils, et dès lors les tribunaux civils sont seuls compétents pour apprécier les droits de toutes les parties.

D'un côté, il ne faut pas se méprendre sur la portée de cette distinction, elle est énorme.

Les propriétaires des produits et appareils brevetés ont un intérêt à ce que les marchés ne soient pas couverts de produits contrefaits ; il ne faut pas qu'on puisse perpétuer la contrefaçon, sous le prétexte que des objets contrefaits ont été antérieurement fabriqués, et que ces objets sont les mêmes que ceux que l'on retrouve sur les marchés.

D'un autre côté, il ne faut pas non plus que le détenteur de ces objets puisse être injustement atteint dans sa fortune par une confiscation générale.

La remise des objets contrefaits pourra toujours être demandée devant les tribunaux civils ; elle pourra être prononcée contre le remboursement des sommes qui seront arbitrées, et, à cet égard, des subrogations, des recours pourront être déterminés par le juge contre ceux qui pourraient avoir manqué de prudence dans l'acquisition ou la fabrication, ou même la simple détention desdits objets.

Le tribunal pourrait même ordonner qu'il soit procédé à la vente desdits objets et que le prix en soit partagé dans une contribution, d'après les droits des parties préalablement déterminés par la loi.

Il y a, en un mot, dans toutes ces circonstances, des appréciations de fait aussi délicates que dans toutes les autres affaires. Lier à l'avance le juge, de telle sorte qu'il ne puisse se livrer à aucun examen, c'est lui laisser dans la main le bâton dont l'aveugle se sert pour frapper au hasard.

S'il est juste d'examiner avant de prononcer contre qui la condamnation doit intervenir, il ne l'est pas moins assurément lorsqu'on veut déterminer les objets sur lesquels la confiscation doit porter.

L'indemnité ne doit jamais être supérieure au préjudice éprouvé. Cette règle de bon. sens peut-elle être respectée alors que le juge n'est pas le maître d'arbitrer ?

Jamais article de loi n'a conduit à des résultats aussi iniques et n'a été l'objet de calculs aussi perfides dans la vue d'un lucre illégitime. On a vu la contrefaçon devenir une source de fortune, pour le breveté, beaucoup plus certaine et plus rapide que l'exploitation normale de son invention.

Il est si facile au breveté de laisser inactive sa découverte, au contraire d'exciter, de pousser secrètement à la fabrication illégale, de fermer les yeux, d'oublier pendant quelque temps, et puis, lorsque ces encouragements secrets, ces tolérances, ces excitations, cet oubli ont porté leurs fruits, lorsque les ouvriers, les fabricants sont prêts à livrer au commerce des produits en grande quantité, soit en les laissant isolés, distincts, soit en les confondant avec d'autres matières, c'est alors que le moment du réveil arrive, qu'une razzia générale est opérée, que le breveté réclame le bénéfice de l'indivisibilité pour faire prononcer des confiscations sur une vaste échelle, et c'est ainsi que, sans avoir soi-même enrichi l'industrie nationale, on arrive à se faire attribuer et le fruit du travail et des capitaux de tiers qui ont souvent été de bonne foi.

Ces raisons expliquent les motifs qui ont présidé à la rédaction de l'article 5, que je vous propose. Cette disposition, plus que toute autre, inspirée par un profond et sincère esprit de justice, rendra à l'industrie sa sécurité, tout en conservant sa force et sa puissance, pour faire respecter les droits privatifs des auteurs, des artistes, des inventeurs.

Art. 6. — Les principes généraux du droit placent les coauteurs, les complices, sur la même ligne que les auteurs du délit; ils ont connu la fraude et ils ont prêté leur concours à sa réalisation; ils ont su et ils ont approuvé. *Nemo videtur fraudare eos qui sciunt et consentiunt* (*De reg. juris*, 145; — Ulpien.)

La culpabilité est, en effet, la même; ils ont au même degré le sentiment cupide du bien d'autrui; ils prêtent un concours également actif à la réalisation, à leur profit, des bénéfices que le créateur seul d'une œuvre de la pensée a le droit de réaliser.

Des esprits sérieux ont pensé qu'il fallait introduire en cette matière une théorie nouvelle qui, répudiant la distinction pénale établie entre les coauteurs et les complices, ne laisserait subsister que les coauteurs et supprimerait les faits constitutifs de la complicité. Je n'ai jamais bien saisi les considérations sur lesquelles cette théorie est fondée, et je ne comprends pas davantage l'intérêt que cette nouveauté judiciaire pourrait présenter. La contrefaçon, comme tous les autres délits, doit obtenir une répression complète ; tous ceux qui ont concouru à des titres divers doivent être frappés par la loi pénale ; si celui qui n'est que complice doit, dans certains cas, être traité moins sévèrement, il doit ici avoir droit au bénéfice de sa situation. Les tribunaux restent d'ailleurs les souverains appréciateurs des faits constitutifs du délit ou de la complicité du délit.

Il ne serait pas plus juste, à mon sens, de considérer le débitant d'ouvrages contrefaits comme étant toujours et d'une manière absolue le complice du contrefacteur. Le débit est un acte à part ; il peut être isolé et ne se rattacher en rien à l'acte de la contrefaçon.

En matière pénale surtout, la responsabilité est personnelle. Briser ces distinctions, c'est ou laisser le juge désarmé, ou le contraindre à appliquer une disposition trop rigoureuse.

Les recéleurs sont des complices : il est donc sans intérêt de leur faire l'honneur d'une disposition particulière.

Il eût été inutile de rappeler ces principes, si la doctrine et la jurisprudence n'avaient pas, à cet égard, présenté quelque hésitation.

Cependant, il pourrait exister entre l'auteur principal de la contrefaçon et les coauteurs et complices une différence au sujet des réparations civiles et des peines qui présentent ce caractère.

Il peut, en effet, se présenter des cas où l'équité commande aux tribunaux de ne prononcer la confiscation que contre un seul des auteurs de la contrefaçon.

Art. 7. — Les dispositions pénales qui précèdent sont insuffisantes lorsque le délit a été commis par celui-là même qui, investi de toute la confiance de son maître, ne craint pas de se aire l'auteur ou le complice d'une fabrication déloyale, impie.

Toutes les législations pénales élèvent la peine en raison de la perversité de l'agent. Les domestiques qui commettent, au préjudice des maîtres qu'ils servent, des soustractions, commettent non-seulement un délit, mais un crime; il est donc de toute justice de frapper d'une peine corporelle l'employé, l'ouvrier infidèle qui, au mépris des devoirs les plus sacrés, devient le rival, le concurrent de celui chez lequel il trouvait, par son travail, une existence honnête.

A cet égard, il n'y avait pas de distinction à établir entre celui qui a été l'employé du fabricant et celui qui l'est encore au moment de la contrefaçon.

La même solution devait également être appliquée à l'ouvrier qui fabriquait lui-même les objets contrefaits et celui qui prêtait sciemment son concours à un contrefacteur.

L'intention est coupable au même degré, le préjudice est le même dans tous les cas.

Ces dispositions ne sont pas nouvelles, elles se retrouvent dans plusieurs législations au sujet de la contrefaçon des inventions brevetées; je les ai étendues à la reproduction de toutes les créations de la pensée; il n'y a, en effet, aucun motif de les restreindre, *eadem causa, idem effectus.*

Je n'ai pas pensé que ces pénalités exceptionnelles dussent être limitées à l'employé et à l'ouvrier. L'associé qui se livre à la contrefaçon pour s'enrichir du bénéfice d'une fabrication illégitime, et dépouiller ainsi son associé du fruit d'une exploitation commune, doit être complétement assimilé à l'ouvrier et à l'employé infidèle. Où trouver un motif qui pût expliquer une distinction? Ne manque-t-il pas également à la foi jurée? Ne détourne-t-il pas de son but son concours et le travail qu'il doit à l'association?

L'ancien associé du propriétaire d'une invention, d'une création quelconque, qui, après la dissolution de la Société, ayant laissé entre les mains de son ancien associé le droit exclusif d'exploitation, et a, par conséquent, reçu en échange le prix de la cession qu'il a ainsi faite, cet ancien associé, dis-je, ne peut se retrancher derrière aucune excuse, il connaît la limite de son droit, et, s'il la franchit, c'est qu'il ne recule pas devant un acte d'une excessive déloyauté pour s'emparer d'un bien qui a cessé de lui appartenir.

Art. 8. — Les dispositions de cet article créent un nouveau délit. Dans le commerce et l'industrie se sont introduites certaines manières de faire et d'agir qui, détrônant les principes de la morale la plus vulgaire, se sont érigées en droit commun ; ces capitulations de conscience sont si naturelles aujourd'hui, que l'on passe pour un juge sévère, importun, en élevant contre elles des critiques que certaines gens ne paraissent pas comprendre.

J'ai pensé qu'il ne fallait, cependant, ni hésiter, ni reculer, et qu'il appartenait à une jeune législation de redresser ces déviations et de remettre sur la droite ligne les actes du commerce moderne ; il est assurément bon de lui apprendre que toutes ces tendances, toutes ces facilités à tromper le public, sont réprouvées tout à la fois et par la morale et par la loi pénale.

Les fraudes que je signale sont fréquentes ; l'on voit certains auteurs et éditeurs ne pas demander mieux que de tromper le public : le premier en donnant un titre nouveau à un ouvrage déjà vieilli, et les seconds en annonçant, comme nouvelle édition, un livre auquel rien n'est changé, si ce n'est la couverture.

La loi pénale ne peut pas tout atteindre ni tout réprimer, il faut laisser au sentiment des auteurs le soin de leur honneur et de leur dignité. C'est ainsi que la loi ne punit pas le fait par un auteur d'apposer son nom sur un livre dont il n'a pas écrit une seule ligne, ni le fait par l'artiste de signer des œuvres qu'il n'a ni connues, ni exécutées. La réputation de l'auteur ou de l'artiste est, dans de telles menées, plus en jeu que l'intérêt public. Quant à l'acheteur, il n'est pas toujours recevable à se plaindre, car souvent il a pu voir et apprécier avant d'acheter.

Ces tromperies apparaissent dans toute leur ardeur, lorsqu'il s'agit, pour les industriels, d'annoncer ou de signaler leurs produits au public. Quelques-uns croient permis tous les moyens pour attirer le consommateur. Le fabricant ou le marchand se dit breveté pour tel produit, quoiqu'il ne soit propriétaire d'aucun brevet, ou même, allant plus loin, s'il est breveté pour une chose tout autre que celle de sa fabrication ou de son commerce actuel, il n'hésitera pas à annoncer sa qualité de breveté. Ainsi, s'il est breveté pour la fabrication de chaussures, et qu'il ait abandonné cette industrie pour celle des chapeaux, il mettra sur l'enseigne de ce dernier commerce sa qualité de fabricant *breveté*.

Tous ces actes ne sont pas une contrefaçon, mais ils constituent une tromperie au sujet d'un droit privatif de reproduction et de fabrication.

Les dispositions pénales qui réprimeront des actes de cette nature formeront, avec celles relatives à la contrefaçon et à l'usurpation du nom et des marques de fabrique et de commerce, un ensemble de mesures qui relèveront l'industrie loyale et rassureront le consommateur, si facilement et si fréquemment trompé.

Art. 9. — La disposition de cet article ne se rattache à aucune des créations de la pensée dont s'occupent les articles qui précèdent, elle doit cependant trouver ici sa place, puisqu'elle a pour objet de garantir une propriété qui touche aussi aux produits de l'intelligence; cette propriété, quoique placée dans un ordre inférieur, a néanmoins sa valeur, elle est souvent la source du succès et de la fortune de certaines industries.

Les secrets de fabrication ne sont pas, comme les inventions brevetées, pratiqués au grand jour et publiquement annoncés; certaines fabrications sont pour le public un mystère; leur supériorité tient quelquefois à la forme des outils, des ustensiles, à l'emploi des moyens auxiliaires et accessoires de fabrication; quelquefois aussi le secret du fabricant tient à une préparation, à une combinaison, à un mode de faire particulier qui ne présentent pas les caractères d'une invention brevetable.

La loi ne leur devait-elle aucune protection? et devait-il être permis à l'ouvrier, initié aux secrets du maître, d'aller divulguer ce qui lui était confié, et de pouvoir ainsi, par des actes d'infidélité, créer une concurrence déloyale en occasionnant souvent la ruine d'un établissment qui avait su conquérir une juste renommée.

Les législations de divers pays ont réprimé par l'action pénale de tels actes d'indélicatesse. Ce sont, en effet, de véritables abus de confiance qui ne pouvaient rester couverts par l'impunité.

La loi française a établi, au sujet de cette divulgation, une distinction qui a perdu aujourd'hui beaucoup de son importance.

Dans le but de protéger l'industrie française, notre législation a appliqué des peines sévères à celui qui divulguait à des étrangers ou à des Français résidant en pays étranger les secrets d'une fabrique établie en France; elle a dicté une peine moindre lorsque la divulgation a été faite à des Français résidant en France.

Nous sommes bien loin de l'époque à laquelle ces mesures ont été prises; l'industrie s'est partout répandue, et de même que notre législation ne reconnaît plus les brevets d'importation, de même aussi devient-il inutile de créer une disposition spéciale pour réprimer les divulgations de secret de fabrique faites à l'étranger; si notre législation n'a plus rien à donner à celui qui lui apporte une découverte connue dans un pays voisin, elle ne doit pas avoir une rigueur spéciale à l'égard de celui qui transporte notre industrie hors de nos frontières.

Mais l'acte coupable, la divulgation non autorisée, reste avec son caractère d'abus de confiance, et dès lors il doit tomber sous l'application des peines édictées pour la répression de ce délit.

La rédaction de la première partie de cet article est conçue en termes généraux. Parmi les personnes attachées à un établissement de fabrication, il n'y avait, en effet, aucune exception à faire; la culpabilité est la même pour toutes; le préjudice causé est aussi grand, quel que soit l'auteur de la divulgation; il faut donc comprendre l'apprenti parmi les personnes atteintes par la loi pénale.

Si la divulgation est commise par un tiers qui n'appartient à aucun titre à l'établissement industriel, la loi est muette, elle cesse de frapper; il ne peut, en effet, y avoir lieu à aucun délit, c'est au maître de la fabrique à surveiller son établissement, c'est à lui de choisir les personnes auxquelles il confie le secret de ses procédés.

Art. 10. — Les atteintes portées aux droits des auteurs, artistes, inventeurs ou industriels, constituent des délits d'une nature particulière; il est bien évident que ceux qui les commettent ne doivent pas être assimilés aux malfaiteurs qui s'emparent de divers objets mobiliers appartenant à autrui.

Il est donc juste de restreindre en cette matière la culpabilité de récidive à ceux qui auront commis antérieurement des délits de même nature.

Une seconde faute en pareille matière démontre une persistance dans des tendances que repoussent l'honnêteté, la loyauté commerciale; d'ailleurs restreinte à des délits de même nature, la récidive se trouve dépouillée de son principal caractère, elle ne conduit ainsi à une peine aggravante qu'exceptionnellement et dans un seul cas.

Si d'un côté notre prescription paraît dans une de ses parties rigoureuse, d'un autre côté il faut reconnaître qu'elle renferme une disposition favorable.

Je pense donc que le délit une fois commis, quelle que soit l'époque à laquelle il remonte, constituera les éléments de la récidive, et servira de base à l'application des peines qui devront être prononcées.

Si la première condamnation remonte à une époque éloignée, le juge tiendra compte de cette circonstance, mais il n'eût pas été juste d'effacer complétement la trace de ce premier acte coupable, par cela seul qu'un certain nombre d'années se seraient écoulées depuis sa perpétration [1].

Art. 11. — En matière pénale tout est personnel, rigoureux et limité, à chaque délit son caractère, ses circonstances particulières, à chacun donc l'appréciation spéciale du magistrat et une pénalité distincte.

La loi romaine, dans son inflexible logique, n'admettait pas que l'impunité fût acquise pour un délit, parce que l'auteur de ce délit en aurait commis plusieurs autres.

Nunquam plura delicta concurrentia faciunt ut ullius impunitas detur [2].

L'ancien droit français, suivant cette doctrine, décidait aussi que l'accusé, convaincu de plusieurs crimes ou délits, devait être puni d'autant de peines qu'il y a de délits différents [3].

Ces principes sont, à mon avis, conformes à la raison; mais je le reconnais, c'est là le *summum jus*. Les mœurs se sont adoucies, la rigueur du droit a fléchi, et la loi pénale moderne a été dictée par un législateur moins logique, moins inflexible, obéissant à des sentiments d'humanité qui sont aussi ceux de la justice.

[1] La loi française sur les brevets d'invention le décide autrement, art. 13.
[2] D., 1. 2, ff. *De privat delict.*
[3] Jousse, *Instr. crim.*, t. II, p. 613.

Le principe de la cumulation des peines a donc été banni de la plupart des législations modernes pénales [1].

La législation pénale française l'a rayée de toutes ses dispositions, elle a proclamé le principe contraire comme étant la base de l'application des peines (art. 365, C. instr. crim.), et ce principe se trouve dans toutes nos lois spéciales.

Il est de toute justice de décréter en cette matière qu'une seule peine sera appliquée au coupable de plusieurs délits, et qu'elle effacera tous les faits délictueux antérieurs au premier acte de poursuite [2].

Ce principe admis, j'ai voulu éviter, dans son application, jusqu'aux moindres doutes, et mettre fin à des hésitations dont notre jurisprudence porte les traces ; j'ai pensé que la rédaction que je vous soumets atteignait ce but. J'espère que vous l'adopterez.

ART. 12. — L'industrie a depuis longtemps demandé des mesures de répression sévères contre un mode de reproduction d'autant plus dangereux qu'il reproduit le modèle servilement, mécaniquement, et qu'il est dès lors impossible de distinguer l'original des reproductions.

Les reproductions par le surmoulage n'exigent aucun effort de l'esprit, aucun travail intelligent; elles sont l'œuvre d'ouvriers sans talent, elles se font avec une rapidité telle, qu'on enlève au propriétaire d'une œuvre de sculpture les fruits de sa propriété, souvent même avant qu'il ait eu le temps d'organiser ses moyens de reproduction.

Il s'agit donc ici d'une contrefaçon exceptionnelle ; aussi, lorsque l'auteur du surmoulage aura été reconnu coupable, lorsqu'il n'aura pas pu prouver sa bonne foi, son procédé de reproduction deviendra une circonstance aggravante, et la peine devra s'élever avec le degré de culpabilité; il m'a semblé juste, dans ce cas, d'appliquer, aux contrefacteurs par le procédé du surmoulage, le maximum de la peine prononcée contre les contrefacteurs [3].

---

[1] Code pénal autrichien, art. 28 ; Code pénal prussien, art. 57. L'article 61 du Code du Brésil a reproduit l'ancienne législation, il prescrit le cumul des peines.

[2] Voir cette disposition dans l'article 42, loi française du 5 juillet 1844, sur les brevets d'invention.

[3] La plupart des législations ont défini la contrefaçon par le mode de repre-

Ces observations s'appliquent à la reproduction du dessin par la photographie ; je dis aux dessins et à toutes les productions qui rentrent dans l'art du graveur ; la reproduction des reliefs par les procédés photographiques n'est pas classée dans cette exception ; le préjudice causé dans ce dernier cas est différent, les intérêts sont distincts, il n'y pas lieu à appliquer des peines autres que celles réservées aux contrefacteurs ordinaires.

Art. 13. — En matière pénale la prescription c'est l'oubli ; pourquoi faire revivre des faits que le temps rejette loin de nous ? Quels enseignements y puiser ? Mais il ne faut pas aller au delà et étendre sur l'avenir la puissance de la prescription ; limitée à chaque fait délictueux, elle s'accomplit dans le cercle étroit que trace l'acte accompli.

Si le délinquant peut jouir de l'impunité, entassant sur sa faute les années qui font accomplir la prescription, il est juste de dire aussi qu'il n'a rien acquis pour l'avenir ; l'œuvre qu'il a reproduite n'en reste pas moins la propriété exclusive de l'auteur ou de ses représentants pendant la durée fixée par la loi.

La prescription du délit est libératoire ; elle n'est pas acquisitive, les droits sont intacts pour l'avenir : dans le passé un fait isolé, coupable, devient inattaquable, couvert du manteau de l'impunité ; c'est là le seul effet de la prescription pénale.

Il est bon de rappeler, dans cet exposé de motifs, ces principes, dont la jurisprudence s'est parfois écartée.

La distinction que j'ai établie entre les délits de contrefaçon et de débit d'ouvrages contrefaits, trouve ici un cas utile de son application, puisque, pour chacun de ces délits, le point de départ de la prescription est presque toujours différent.

Art. 14. — J'ai indiqué, dans l'exposé des motifs de l'article 1er, quelle législation réglementait cette matière, il suffira de

duction de l'œuvre originale : « Toute reproduction faite par des procédés mécaniques et sans le consentement de l'auteur constitue la contrefaçon. » Cette définition se retrouve dans la loi autrichienne du 19 octobre 1846, dans la résolution de la Diète du 19 juin 1815 ; dans la législation saxonne du 22 février 1844, et celle de Bavière, du 27 avril 1810. Quelques lois avaient été plus loin, et, sans indiquer l'énumération des moyens mécaniques à employer, ce qui d'ailleurs n'était pas possible, elles avaient particulièrement défendu la reproduction par le moulage, le modelage, etc. Telle est, dans le Danemark, l'ordonnance du 13 décembre 1837 ; en Prusse, la loi du 11 juin 1837, art. 22.

se reporter à cet article, et de comparer les lois indiquées avec les présentes dispositions pour déterminer la portée que devront avoir à l'avenir les lois antérieures.

SECTION UNIQUE.

De la contrefaçon et usurpation des marques de fabrique et de commerce, des noms et enseignes des commerçants et fabricants.

La marque de fabrique et de commerce, les noms des fabricants et marchands, leurs enseignes n'ont jusqu'à ce jour, sauf des exceptions bien limitées, pas eu d'autre protection que celle du droit commun, même chez les nations les plus industrielles, ou chez lesquelles le négoce était la préoccupation la plus constante et la source la plus féconde de la richesse[1].

Il ne suffit pas, en effet, qu'une nation soit active, industrieuse, entreprenante, et qu'elle devienne un des premiers marchés du monde, pour sentir le besoin d'une protection particulière pour les produits de son commerce et de son industrie. Tant que sa vie se répand au dehors, et que seule elle est le grand pourvoyeur des autres pays, la nécessité d'une garantie spéciale ne se fait pas sentir ; mais le jour où la lutte commence, où la concurrence s'élève, les intérêts divers se trouvent en présence, et chacun tient à constater son origine, son individualité, pour retenir et étendre ses relations commerciales, soit à l'intérieur, soit à l'extérieur.

Le grand mouvement industriel et commercial, qui est le trait caractéristique de notre époque, a eu pour conséquence de donner naissance à une nouvelle législation, et de compléter les documents épars des lois déjà existantes. En tête des documents les plus récents sur ce sujet, se placent la loi française[2], la loi autrichienne[3], la loi sarde[4] et différents traités, parmi lesquels

[1] Voir mon *Traité des noms et des marques de fabrique et de commerce et de la concurrence déloyale.*

[2] 23 juin 1857.

[3] 7 décembre 1858.

[4] 12 mars 1855.

figurent celui conclu entre la France et le Portugal [1], entre la France et l'Angleterre [2].

Ces documents législatifs ou internationaux sont toutefois incomplets, j'ai pensé qu'il était utile d'y ajouter des dispositions qui rendissent pour les nationaux et les étrangers la garantie plus efficace.

Les droits des industriels et des marchands reposent sur les différents signes extérieurs qui ont pour objet de faire connaître leur industrie et les produits de cette industrie. Le nom du fabricant et du marchand, son enseigne, sa marque, tendent au même but : le maintien de la clientèle dans les mains de celui à qui elle appartient, en la défendant contre des envahissements que la loyauté ne peut tolérer.

Parmi les signes ou la désignation employés, les uns s'appliquent à l'ensemble des opérations commerciales, industrielles; les autres ont pour objet d'indiquer individuellement l'origine des produits.

Usurper les uns ou les autres, c'est agir dans un but également coupable et avec une intention mauvaise au même degré.

Ici, comme dans les articles qui précèdent, des distinctions devaient être établies entre ceux qui usurpent les noms d'un concurrent, contrefont sa marque ou son enseigne, ou ceux qui ne font que débiter des produits revêtus de fausses marques ou de noms usurpés, parce que chacun de ces actes constitue un délit distinct.

ART. 15. — Il fallait commencer par la définition de la marque, puisqu'il s'agit d'un délit. Avant tout, on devait donc indiquer aux juges ce qu'il fallait entendre par *marque de fabrique et de commerce.*

J'ai modifié la loi française en quelques points; je n'ai pas pensé que l'on dût considérer *l'enveloppe* d'un produit comme une marque; la similitude sur ce point ne peut donner naissance qu'à une action en concurrence déloyale.

Les noms sont d'une manière absolue considérés comme marque; s'il en est autrement dans la dernière loi française, c'est en raison d'une protection toute spéciale en faveur des noms

[1] 12 avril 1851, promulgué les 30 juin-1 juillet 1851.

[2] 23 janvier 1860, promulgué par décret du 10 mars suivant.

des commerçants accordée par une loi encore en vigueur ; mais pour le Portugal, qui ne possède à cet égard aucune législation, il était équitable de garantir le nom réel ou imaginaire employé par le fabricant, soit isolément, soit sous une forme distinctive.

Il n'y avait à ce sujet qu'une seule distinction à faire pour les noms des localités. Ces noms, en effet, s'appliquent à une collection d'intérêts ; ils ne peuvent être employés privativement par tel industriel ; cependant il faut conserver à chacun la forme sous laquelle il fait usage de ce nom, parce qu'alors il a créé un signe extérieur qui devient une véritable marque de ses produits.

Art. 16. — La fabrication de la marque d'autrui, son imitation frauduleuse, le débit fait sciemment de produits revêtus d'une marque contrefaite ou frauduleusement imitée, tous ces faits sont punis d'une peine uniforme ; j'ai pensé qu'établir à cet égard des distinctions serait nuire à la clarté et à la précision de la loi sans aucun intérêt ; si en effet le juge trouve selon les circonstances des nuances dans la culpabilité des divers délinquants, le minimum et le maximum de l'amende fixée lui permettront de graduer la peine selon le degré de culpabilité de chacun.

La loi française me paraît à cet égard d'une subtilité trop grande : les distinctions qu'elle établit n'ont pas été reproduites par la loi autrichienne, et la loi sarde, antérieure à la loi française, avait également tracé à ses prescriptions un cadre plus général.

Art. 17. — Les fraudes qui se présentent fréquemment consistent non plus dans la déloyauté des rapports des fabricants ou marchands entre eux, mais dans certaines tromperies commises vis-à-vis du public ; la répression de ces tromperies doit trouver ici sa place. Elles consistent dans des déclarations mensongères qui altèrent la sincérité de la marque et du nom ; elles se rattachent, comme on le voit, par des liens intimes aux contrefaçons et aux usurpations réprimées par les articles précédents.

Celui qui indique sur ses produits une provenance inexacte, un lieu autre que celui de la fabrication véritable ; celui qui substitue sa marque à celle d'un autre fabricant ou marchand, et qui donne ainsi comme produits de sa fabrication les produits d'un autre fabricant ; celui qui ajoute à son nom une qualification mensongère, comme celle de successeur, d'élève de tel fabricant, de fournisseur de telle administration ou de tel personnage, ou qui se présente comme ayant été l'objet de récompenses honorifiques; tous commettent le délit de tromperie sur la nature ou la provenance, ou la qualité de la marchandise vendue.

Ces faits coupables doivent trouver dans le Code pénal leur répression avec d'autant plus de raison qu'ils ne constituent pas toujours une concurrence déloyale, puisque la seule victime est l'acheteur; si la loi pénale n'intervenait pas, ces actes tolérés ne seraient dès lors soumis à aucune répression. C'est ce que l'on ne peut admettre.

Je dois, avant de terminer sur ce point, faire une observation. La loi française n'a pas voulu punir celui qui a substitué sa marque personnelle à celle apposée sur les produits d'un autre fabricant. La raison qu'on en a donnée est tirée de l'intérêt des intermédiaires, des commissionnaires. La législation française a pensé que ceux-ci devaient avoir, dans l'intérêt de leur industrie, le droit d'apposer leur marque à la place de celle du fabricant qui leur vendait leurs produits, afin de laisser ignorer aux destinataires la source à laquelle ils avaient puisé, et de rendre toujours ainsi nécessaire leur intermédiaire.

Cette raison ne me paraît pas décisive; peut-être trouverait-on dans le caractère de la commission des motifs fort plausibles pour rejeter cette solution, mais, sans aller jusque-là, on peut admettre que le commissionnaire qui justifiera de l'autorisation de substituer sa marque à celle du fabricant ne tombera pas sous l'action de la loi pénale. Enfin, tous autres que les commissionnaires en marchandises sont sans motifs pour expliquer la substitution de leur marque et son application sur des produits qui leur sont étrangers.

La loi sarde a sagement fait en réprimant de tels actes.

Art. 18. — J'ai dit que l'enseigne d'un fabricant ou d'un marchand était pour lui d'une valeur aussi grande que la marque qu'il appose sur les objets de sa fabrication ou de son commerce.

Si cette enseigne se compose d'une dénomination de fantaisie ou simplement du nom et de la raison sociale de ceux qui exploitent l'établissement, l'acte d'usurpation sera également répréhensible. Dans tous les cas, la confusion que veut faire naître le concurrent déloyal existera, et avec elle le préjudice. Contrefaire une marque et l'apposer sur ses produits, prendre l'enseigne et la dénomination déjà employées par un fabricant ou marchand de produits similaires, sont des actes de même nature, ils tendent au même but, ils supposent la même déloyauté.

Une question que la pratique a eu souvent à résoudre est celle de savoir à quel moment l'enseigne d'un établissement industriel ou commercial cesse d'être une propriété privée. Les enseignes ne sont pas une création originale de l'esprit ; elles ne deviennent le fondement d'un droit que pour celui qui fait d'une dénomination connue une nouvelle application : c'est le droit du premier occupant ; il n'est pas permis de prendre l'enseigne d'un établissement existant, mais si cet établissement cesse, s'éteint, son enseigne deviendra la propriété du domaine public, et de nouveau le premier occupant la fera sienne. Ces principes sont d'éternelle justice. La seule difficulté consiste à préciser ce qu'on doit entendre par un établissement existant. Un établissement peut être fermé et cependant ne pas cesser d'exister : des circonst..ces momentanées, le décès du propriétaire, une liquidation, une dissolution de société, peuvent suspendre le cours de ses opérations sans les éteindre complétement. Le successeur a droit à l'enseigne, il continue le même établissement, il n'en crée pas un nouveau ; cependant, si l'établissement restait fermé pendant six mois, l'enseigne pourrait être attachée par un tiers à son industrie ou à son commerce.

L'établissement, toutefois, peut cesser d'exister sans que la propriété de l'enseigne cesse d'être une propriété privée. Le propriétaire, en effet, peut en avoir disposé à l'égard d'un tiers ; celui-ci a donc seul le droit de s'en servir. S'il laisse à son tour écouler un délai de six mois sans faire usage de cette enseigne, le domaine public en deviendra propriétaire, et de nouveau cette propriété sera acquise par le premier occupant.

Ainsi cesseront ces incertitudes sur les droits des fabricants et marchands, d'une part, et sur ceux du public, d'autre part ; ainsi cesseront ces demandes en revendication d'enseigne, parfois tardivement intentées, mais cependant sans qu'aucune prescription ait fait encourir la perte du droit de propriété.

Art. 10. — La marque de tous les produits devait trouver dans la loi sa protection. Aussi aucune exception n'est-elle apportée, bien que cette protection ait ses limites : créée pour le commerce et l'industrie, elle suppose donc toujours dans l'agent le caractère d'un spéculateur qui fabrique pour vendre ou qui achète pour revendre. Il n'est pas nécessaire de rechercher au delà ; de se demander si celui qui a vendu à ce trafiquant était lui-même marchand ou fabricant. Ainsi, prendre un objet qui n'est pas encore dans le commerce, le reproduire, en fabriquer de semblables, voilà la fabrication et le commerce pour lesquels la loi repousse le dol et la fraude. Or, l'artiste qui a fait une œuvre de sculpture, une statuette, par exemple, et qui l'a exposée sous son nom, n'a pas fait jusque-là acte de commerce. Qu'il vende son œuvre, qu'il en concède le droit d'exploitation, il n'est pas davantage un négociant, parce qu'on ne le devient pas en vendant ses propres œuvres, les produits de son intelligence, pas plus qu'on ne le serait en vendant les produits de ses terres. Est-ce à dire pour cela que l'industriel qui, sans autorisation de l'artiste ou de ses représentants, reproduira l'œuvre de celui-ci, en y apposant le nom même de l'artiste, n'usurpera pas la marque, le nom, si l'on veut, de celui-ci, dans les termes des dispositions pénales actuelles? Si, assurément ; pourquoi, dès lors, ne pas lui infliger le châtiment réservé à ceux qui commettront de semblables usurpations? Il n'y aurait à une telle faveur aucun motif.

Il faut donc décider que cet acte frauduleux comprendra deux délits, et la contrefaçon de l'œuvre et l'usurpation du nom ; cette dernière fraude deviendra plus grave, elle changera son caractère délictueux et sera un acte criminel, si, au lieu du nom de l'artiste simplement indiqué, l'usurpation porte sur la signature elle-même, le reproducteur ne sera plus un simple contrefacteur, il sera devenu un faussaire.

Les arts ont besoin de cette sauvegarde, il faut les défendre contre ces empiétements des ravisseurs qui ne se bornent pas seulement à dépouiller les artistes du produit légitime de leurs efforts et de leur inspiration, mais qui compromettent aussi leur honneur et leur réputation.

Art. 20.— Les dispositions relatives aux principes qui régissent la complicité, la récidive, le cumul des peines, la confiscation, la condamnation à l'affiche du jugement, l'application des circonstances atténuantes doivent également trouver ici leur application.

Art. 21. — Il restait à prendre une mesure dictée par un sentiment de convenance et de respect pour le négociant appelé à rendre la justice et à participer aux élections des jurés qui ont pour mission de juger les affaires commerciales. Les fabricants et négociants qui ont été frappés d'une condamnation pour contrefaçon de marque et usurpation de noms ne sont pas dignes de figurer parmi les jurés commerciaux, ni même de concourir à la nomination de ces jurés. Cette interdiction peut, suivant les circonstances et le caractère de ceux qu'elle pourrait atteindre, devenir une peine sévère ; aussi a-t-il paru juste de laisser aux tribunaux une appréciation souveraine à cet égard. La législation française a édicté une mesure semblable.

Tel est, monsieur le rapporteur, l'ensemble des dispositions que j'ai l'honneur de soumettre à la Commission.

Ces articles me paraissent tenir compte des indications des législations étrangères et des solutions de la jurisprudence.

Les principes dont ils sont la sanction sont en harmonie avec les prescriptions générales de votre projet.

Je me suis efforcé d'éloigner ces mesures d'une rigueur oubliée et inutile qui ne conviendrait plus d'ailleurs à l'esprit d'humanité et de liberté dont notre siècle est animé.

J'ai voulu suivre le précepte de la loi romaine, et appliquer une peine dans tous les cas où je trouvais la fraude donnant naissance au préjudice : *sancimus, ibi esse pœnam, ubi et noxia est*[1], sans dépasser les justes limites dans lesquelles on doit toujours s'efforcer de maintenir la répression et l'indulgence : *nec enim aut severitatis, aut clementiæ gloria affectanda est*[2].

Puissé-je avoir atteint ce double but et avoir concouru ainsi, dans la mesure de mes forces et de mon intelligence, à l'œuvre civilisatrice dont le Portugal vous sera en si grande partie redevable !

[1] C. II. 22.. *De pœnis.*
[2] *Id.*, II., *id.*

TEXTE

CHAPITRE VIII.

De la contrefaçon et des atteintes portées aux droits des auteurs, artistes, inventeurs et créateurs de dessins et modèles industriels.

ARTICLE 1er. — La contrefaçon des œuvres littéraires et artistiques, des inventions brevetées, des créations industrielles, modèles·et dessins de fabrique, est punie d'une amende de 100,000 à 500,000 réaux.

Le débit d'ouvrages contrefaits, leur introduction en Portugal sont punis de la même peine.

ART. 2.—La contrefaçou est la reproduction par un procédé quelconque, en tout ou en partie, d'une création de l'intelligence appartenant à un Portugais ou à un étranger, d'après les lois, règlements ou traités antérieurs. Elle est indépendante de l'application à laquelle l'objet contrefait est destiné.

Est également réputée contrefaçon la reproduction d'une œuvre du domaine public faite sous le nom d'un auteur autre que celui sous lequel elle a toujours été publiée, ainsi que la reproduction faite sans indication de ce nom.

La reproduction constitutive du délit de contrefaçon devra être faite en plusieurs exemplaires et présenter une certaine publicité.

Elle devra être faite de mauvaise foi avec intention de nuire.

Celui qui aura fait la reproduction devra prouver sa bonne foi.

ART. 3. — N'est pas considérée comme une contrefaçon la reproduction par l'auteur, l'artiste ou l'inventeur, de son œuvre au mépris d'une cession par lui antérieurement consentie.

Il en est de même de la reproduction faite indûment par l'éditeur et les industriels ou fabricants avec lesquels l'auteur ou l'artiste ont traité pour la reproduction de leur œuvre.

Ces faits ne peuvent donner naissance qu'à une action civile ou commerciale, selon les cas.

N'est également pas contrefaçon la reproduction faite pour son instruction ou son usage personnel.

ART. 4. — La reproduction des œuvres dramatiques ou l'exécution des compositions musicales faites par un directeur ou entrepreneur de spectacles, sans le consentement de l'auteur, ou en violation des lois, règlements, traités relatifs aux droits d'auteurs, sera punie d'une amende de 50,000 à 300,000 réaux, sans préjudice de la confiscation de la recette que l'auteur ou ses ayants droit peuvent se faire autoriser à saisir.

Art. 5. — La confiscation, tant des objets fabriqués que des machines et appareils ayant servi à leur fabrication, sera poursuivie contre les fabricants, débitants, détenteurs, introducteurs desdits objets et machines, reconnus coupables.

Cette confiscation sera prononcée à titre de peine et d'indemnité. En cas d'acquittement, les tribunaux civils seuls pourront statuer sur la remise des objets contrefaits, machines et instruments ayant servi à la fabrication.

La confiscation comprendra toujours les produits contrefaits, lorsqu'ils seront isolés et distincts. Elle comprendra également les appareils dans leur ensemble, lorsqu'ils seront une création complétement originale; dans le cas contraire, la confiscation ne pourra porter que sur l'organe ou les organes contrefaits.

Lorsque des produits contrefaits ont été simplement ajoutés ou même mélangés, confondus avec d'autres non brevetés et qui ne sont l'objet d'aucun droit privatif, les tribunaux pourront, ou ne pas prononcer de confiscation, ou la restreindre à une partie des objets ou bien ordonner la séparation des objets contrefaits de ceux qui ne le sont pas, si la division est possible.

Si la division n'est pas possible, ils pourront ordonner que lesdits objets soient vendus, pour le prix en être ultérieurement distribué entre le plaignant et le condamné dans une proportion déterminée par le tribunal.

Art. 6. — Les coauteurs et complices de contrefaçon et débitants d'ouvrages contrefaits sont soumis aux principes généraux du droit pénal e passibles des peines prononcées contre les contrefacteurs et débitants d'ouvrages contrefaits.

Néanmoins, il est laissé à l'appréciation des magistrats de prononcer contre eux la confiscation des objets contrefaits et des instruments qui ont servi à la contrefaçon, ou, au contraire, d'appliquer cette peine à un seul des auteurs de la contrefaçon.

Art. 7. — Si l'auteur ou le complice de la contrefaçon est un ouvrier ou un employé actuel, ou ayant été attaché à la fabrique ou établissement industriel du propriétaire de l'ouvrage contrefait, la peine d'un emprisonnement d'un à six mois, outre celle de l'amende, prescrit par l'article 1, lui sera appliquée.

Cette peine sera également prononcée contre l'associé actuel ou l'ancien associé du propriétaire de l'objet contrefait.

Art. 8. — Commettront le délit de tromperie sur la marchandise vendue :

1° L'auteur qui, après avoir vendu la propriété de son œuvre, ou même seulement le droit de l'exploiter pendant un certain délai, vendra la même propriété ou les mêmes droits, en les déguisant en tout ou en partie sous un autre nom ;

2° L'auteur ou l'éditeur qui publiera un ouvrage indiquant une édition autre que la véritable ;

3° Les industriels qui prendront faussement la qualité de brevetés ou qui prendront cette désignation dans la vente ou la fabrication d'un objet autre que celui pour lequel le brevet a été pris.

ART. 9. — Toute personne attachée à un titre quelconque à une fabrique ou une manufacture qui aura communiqué à des nationaux ou à des étrangers les secrets de la fabrication, sera punie des peines qui atteignent ceux qui se sont rendus coupables du délit d'abus de confiance, sans toutefois que l'emprisonnement puisse être moindre de six mois et l'amende moindre de 500,000 réaux.

ART. 10. — La peine de la récidive sera appliquée à ceux qui auront commis antérieurement un des délits relatifs à la propriété littéraire, artistique et industrielle ; cette peine sera, outre l'amende fixée par l'article 1, celle d'un mois à six mois d'emprisonnement.

ART. 11. — En cas de conviction de plusieurs délits de contrefaçon, débit d'ouvrages contrefaits, usurpation de marques, etc., etc., les peines appliquées concurremment et formant le maximum de la pénalité édictée seront prononcées.

Il en sera ainsi même au cas de poursuites distinctes et, par conséquent, de condamnations séparées. Aucune condamnation ne sera prononcée pour des faits antérieurs à un précédent jugement, si ce jugement précédent a appliqué la peine la plus forte.

ART. 12. — Les tribunaux pourront, lorsqu'ils le jugeront nécessaire, ordonner l'affiche et l'insertion de leur jugement dans un certain nombre de journaux. Ils pourront aussi, dans l'application des peines ci-dessus prononcées, admettre des circonstances atténuantes.

Toutefois, lorsque les prévenus seront déclarés coupables et que la contrefaçon aura eu lieu par le surmoulage, pour les productions rentrant dans les œuvres de sculpture, et par les procédés de la photographie pour celles qui appartiennent à l'art de la gravure, le maximum des peines prononcées sera appliqué sans qu'il y ait lieu, dans aucun cas, d'admettre des circonstances atténuantes.

ART. 13. — Les délais de la prescription, en matière de délits, s'appliquent aux délits compris dans le présent chapitre.

Chaque contrefaçon et chaque débit d'ouvrages contrefaits constitue un délit distinct ; le délai court à partir de chaque fait délictueux nouveau, sans faire perdre au propriétaire de l'œuvre reproduite ses droits pour l'avenir.

ART. 14. — Les lois antérieures sont abrogées dans les dispositions contraires aux présentes prescriptions.

*De la contrefaçon et usurpation des marques de fabrique et de
commerce, des noms et enseignes des commerçants et fabricants.*

Art. 15. —Sont considérés comme marques de fabrique et de commerce
tous signes servant à distinguer les produits d'une fabrique ou les objets
d'un commerce, tels que les emblèmes, empreintes, cachets, timbres, vignettes, reliefs, lettres, chiffres, etc., etc. ;

Les noms réels ou imaginaires, autres que ceux désignant les lieux de
provenance, les dénominations isolées ou revêtant une forme distincte,
sont également des marques de fabrique et de commerce ;

Les noms d'une localité seule et sans forme distinctive ne sont pas considérés comme marques de fabrique ou de commerce.

Art. 16. — Seront punis d'une amende de 10,000 à 600,000 réaux, ceux
qui auront contrefait une marque appartenant à autrui, et ceux qui se seront servis frauduleusement de cette marque ; ceux qui auront sciemment
vendu ou mis en vente un ou plusieurs produits revêtus d'une marque
contrefaite, frauduleusement apposée ; ceux qui auront fait une imitation
frauduleuse d'une marque de nature à tromper l'acheteur, ou qui auront
fait usage d'une marque frauduleusement imitée ; ceux qui sciemment auront vendu ou mis en vente les produits revêtus d'une marque frauduleusement imitée ; dans tous les cas, il y aura lieu d'ordonner la des-
truction des marques contrefaites.

Art. 17. — Seront coupables du délit de tromperie sur la chose vendue,
ceux qui auront indiqué un lieu de fabrication autre que le véritable ;

Ceux qui auront substitué à la marque apposée sur les produits d'une
fabrique autre que la leur, leur marque personnelle ;

Ceux qui auront ajouté à leurs noms une qualification mensongère.

Art. 18. — Celui qui donnera à un nouvel établissement de commerce
ou d'industrie le nom, la raison sociale ou l'enseigne d'un fabricant ou
marchand de produits similaires déjà existants, sera passible des peines
édictées par l'article 16 ; sera même considéré comme établissement existant celui dont les opérations de vente et d'achat sont suspendues et dont
l'entrée est fermée au public, si cette suspension tient à des circonstances
accidentelles et qui ne doivent pas avoir pour résultat d'entraîner la sup-
pression définitive dudit établissement ; toutefois, l'établissement qui sera
resté fermé pendant six mois sera considéré comme ayant cessé d'exister ;
en conséquence, si le nom et l'enseigne n'ont pas été cédés par le propriétaire de l'établissement à un autre fabricant ou marchand de produits similaires, ils appartiendront au domaine public, pour devenir de nouveau
la propriété du premier occupant (on ne peut pas acheter un nom et une
enseigne d'établissement pour les supprimer).

Art. 19. — Celui qui contrefera un objet d'art et y apposera le véritable

4

nom de l'artiste sera passible, tout à la fois, et d'une action en contrefaçon de l'œuvre et de la marque, bien que l'artiste dont l'œuvre a été contrefaite ne soit ni fabricant ni marchand et n'exploite pas par lui-même son œuvre. Si la tromperie consiste non-seulement dans l'indication du nom, mais encore dans la reproduction fidèle de la signature, l'usurpateur sera coupable du crime de faux.

Art. 20. — Tout ce qui a été dit dans les articles précédents au sujet de la complicité, de la récidive, du cumul des peines, de la confiscation, des affiches et insertions du jugement, des condamnations et des circonstances atténuantes, recevra ici son application.

Art. 21. — Les tribunaux pourront, en outre, interdire aux délinquants le droit de figurer comme jurés dans les affaires commerciales, et celui de concourir aux élections des jurés destinés à composer les tribunaux de commerce.

PROJET

ORIGINAIRE FORMULÉ PAR LES MEMBRES DE LA COMMISSION DE LISBONNE.

CHAPITRE VIII.

Contrefaçon et autres violations de la propriété littéraire, artistique et industrielle.

Art. 329. — Est contrefaçon, la reproduction en tout ou partie d'écrits, compositions musicales, dessins, peintures ou de toute autre œuvre littéraire et artistique, nationale ou étrangère, par la voie de l'impression, gravure, lithographie, moulage ou autre procédé quelconque, en violation des traités ou des lois et règlements relatifs aux droits des auteurs.

Art. 350. — La contrefaçon, aussi bien que la vente ou l'exposition en vente d'œuvres contrefaites ou bien introduites en Portugal, sera punie de l'amende de 100,000 à 500,000 réaux.

Art. 331. — La représentation d'œuvres dramatiques ou l'exécution de compositions musicales, faites par un directeur ou entrepreneur de spectacles sans le consentement de l'auteur, ou en violation des traités, lois et règlements relatifs aux droits des auteurs, sera punie d'une amende de 50,000 à 200,000 réaux.

Art. 332. — Toute atteinte frauduleuse (*defrodacao*) aux droits des propriétaires nationaux ou étrangers, aux brevets d'invention, en violation des traités, lois et règlements respectifs, sera punie de l'amende de 100,000 à 300,000 réaux.

Art. 333. — Il y aura toujours lieu, sans qu'il y ait nécessité de le déclarer dans la sentence, et, comme effet de la condamnation, à la perte en faveur de l'offensé :

1° De l'édition des objets contrefaits et des objets qui ont servi à l'exécution du crime dans le cas de contrefaçon ;

2° Du produit brut des recettes dans le cas de représentation d'œuvres dramatiques ou d'exécution de composition musicale ;

3° Des objets qui ont servi à l'exécution du délit dans le cas d'atteinte frauduleuse (*defrodacao*) aux droits des inventeurs.

Paragraphe unique. Cette perte en faveur de l'offensé aura lieu à titre d'indemnité ; ce qui pourra manquer pour la parfaire sera recouvré par les moyens ordinaires.

SECTION UNIQUE.

Contrefaçon, usurpation et imitation des ouvrages de fabrique et de commerce ou de modèles de fabrique.

Art. 334. — Quiconque contrefera ou fera usage sur les produits ou objets de son commerce de marques contrefaites ou appartenant à autrui, ou vendra ou exposera en vente quelque produit ou objet revêtu d'une marque contrefaite, ou appartenant à autrui, sera puni d'une amende de 10,000 à 600,000 réaux.

Paragraphe unique. Sont réputés marques de fabrique ou de commerce, tous signes destinés à distinguer les produits d'une fabrique ou objets du commerce, tels que nom sous une forme distinctive, dénomination, emblème, sceaux, vignettes, lettres, etc., etc.

Art. 335. — Celui qui, sans avoir contrefait les marques d'autrui, les a imitées, de manière à tromper l'acheteur sur l'origine ou la provenance du produit, ou qui fait usage de marques imitées, ou qui vend ou expose en vente quelques produits revêtus d'une marque imitée, sera puni d'une amende de 10,000 à 100,000 réaux.

Art. 336. — La contrefaçon, usage, vente ou exposition en vente au préjudice d'autrui de modèles de fabrique contrefaits, sera puni des peines de l'article 334.

Paris. — Typographie Hennuyer, rue du Boulevard, 7.

PARIS. — TYPOGRAPHIE HENNUYER, RUE DU BOULEVARD, 7.